일본어 문법 완성을 이루는

すくすく 日本語 문법완성

스쿠스쿠

이선옥 · 한경 · 한고운 저

すくすく
日本語
문법완성

초판 1쇄 발행 2009년 2월 16일
초판 14쇄 발행 2022년 7월 22일

지 은 이 | 이선옥, 한경, 한고운
펴 낸 이 | 박경실
펴 낸 곳 | Wit&Wisdom 도서출판 위트앤위즈덤
임프린트 | PAGODA Books
출판등록 | 2005년 5월 27일 제 300-2005-90호
주　　소 | 06614 서울특별시 서초구 강남대로 419, 19층(서초동, 파고다타워)
전　　화 | (02) 6940-4070
팩　　스 | (02) 536-0660
홈페이지 | www.pagodabook.com

저작권자 | ⓒ 2009 이선옥, 한경, 한고운

이 책의 저작권은 출판사에 있습니다. 서면에 의한 저작권자와 출판사의 허락 없이
내용의 일부 혹은 전부를 인용 및 복제하거나 발췌하는 것을 금합니다.

Copyright ⓒ 2009 by Sun-Ok Lee, Kyung Han, Go-Un Han

All rights reserved. No part of this publication may be reproduced, stored
in a retrieval system, or transmitted, in any form, or by any means, electronic,
mechanical, photocopying, recording or otherwise, without the prior written
permission of the copyright holders and the publisher.

ISBN 978-89-6281-034-9 (18730)

도서출판 위트앤위즈덤　www.pagodabook.com
파고다 어학원　　　　　www.pagoda21.com
파고다 인강　　　　　　www.pagodastar.com
테스트 클리닉　　　　　www.testclinic.com

PAGODA Books는 도서출판 Wit&Wisdom의 성인 어학 전문 임프린트입니다.
낙장 및 파본은 구매처에서 교환해 드립니다.

머리말

교실 현장 강의를 통해 학생들로부터 꾸준히 들어왔던 고민과 질문 등을 토대로, 좀더 간단 명료하게 여러분에게 다가갈 수 있는 문법책을 쓰고 싶었습니다. 그리고 준비를 위해 서점에서 많은 책을 검토하면서 '실감나는 성취감'을 주는 책이어야 한다는 목표를 가지게 되었습니다. 문법을 위한 사전으로써 이 책을 통해 문법의 골격을 탄탄히 하시는데 도움이 되길 진심으로 바랍니다.

훌륭하신 한경, 한고운 선생님과, 이런 뜻을 함께 해주신 출판사에 감사를 드리며, 무한한 격려와 용기를 준 가족들, 고맙습니다.

이선옥

마술 쇼를 본 적이 있습니다. 마술사는 작은 화분의 꽃봉오리를 쥐더니 꽃을 피게 하고, 꽃잎 하나로 홀 안에 온통 꽃잎이 흩날리게 했습니다. 그리고는 며칠 뒤 수목원에 가게 되었는데, 수목원에서 바람에 꽃잎이 가득 흩어지는 것을 보니 "바로 자연이 마술이구나"라는 생각이 들었습니다. 그리고 마음이 무척 행복해졌습니다. 마치 마음이 요술 지팡이라도 휘두른 듯 했습니다. 여러분도 마음의 요술 지팡이를 휘둘러 보세요. 공부가 힘들고 슬럼프에 빠졌다고 느낄 때, 다시 기초 책을 펼쳐 학습을 해보기도 하고, 더 힘을 내서 철저한 계획과 꾸준한 실천으로 꼭 일본어를 마스터하게 되길 바랍니다.

한경

그 동안 많은 학생들을 만나 왔습니다만, 일본어 공부를 희망차게 시작했다가 중도에 그만 포기를 하고 다시 몇 년 후에 나타나 또 다시 시작과 포기를 반복하는 학생들을 보며, 좀 더 일본어 문법을 쉽게 정리해 줄 수는 없을까 하는 생각을 줄곧 해 왔습니다. 이제 이 책이 여러분 생에 마지막 일본어 문법서가 되기를 감히 바라며, 일본 여행을 가거나 일본 영화와 원서 책을 읽는 등, 문법을 뛰어넘어 더 재미나고 즐거운 일본어 세계를 맛보시는 계기가 되었으면 합니다. 마지막으로, 저의 영원한 지지자인 남편과 가족들에게 감사와 사랑을 전합니다.

한고운

일러두기

본서 – 왼쪽에서 배우고, 오른쪽에서 확인하는 문법과 연습문제의 1:1 완벽 대응 구성!

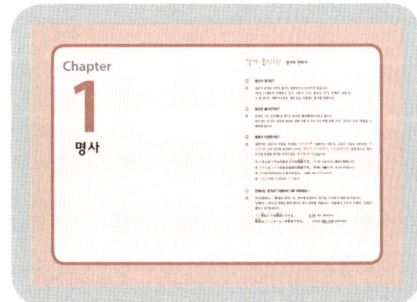

알아 봅시다!

본격적인 학습에 들어가기에 앞서 각 Chapter에서 다루게 될 내용을 먼저 소개하는 부분입니다. 앞으로 배우게 될 품사 및 문법 요소의 개념 및 정의를 간단하게 정리하였습니다.

문법 정리

꼭 알아야 할 중요 문법만을 엄선해 주제어 방식으로 간결하게 담았습니다. 실생활에 바로 적용할 수 있는 알짜배기 예문을 통해 문법을 보다 쉽게 이해하고 익혀 보세요.

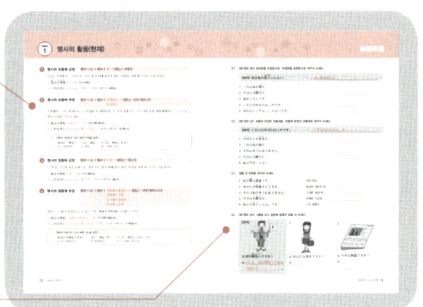

연습문제

왼쪽 페이지에서 학습한 문법 중요 포인트와 1:1 대응하는 알찬 연습문제를 오른쪽 페이지에 꼭꼭 눌러 담았습니다. 다양한 유형의 문제를 풀어 보면서 배운 내용을 확인하고 독해와 작문 실력을 함께 키워 나가세요.

정답 및 해석

연습문제의 정답 및 모범 답안과 상세한 우리말 해석을 담았습니다.

완전 활용 사이드북 – 첫 장부터 마지막 장까지 완벽하게 활용되는 알짜배기 부록!

여러 가지 숫자 읽기

돌아서면 까먹어 버리는 까다로운 숫자, 날짜, 시간 읽기! 이젠 필요할 때마다 찾아 보면서 간편하게 암기하세요.

형용사 기초 다지기

이것만큼은 꼭 외워야 하는 필수 암기 형용사와 함께, い형용사와 な형용사의 활용법을 실제 문장을 예로 들어 간편하게 찾아볼 수 있도록 정리했습니다.

동사 기초 다지기

필수 암기 동사를 어미의 발음에 따라 외우기 쉽게 정리하고 동사의 활용법을 예문과 함께 간편하게 정리해 놓았습니다. 특히 동사의 활용에서 제일 까다로운 て형과 た형 변화를 따로 모아 확인할 수 있도록 하였습니다.

단어 완성 암기장

본문 Unit별로 새로 등장하는 단어를 모아 '단어 – 독음(히라가나) – 우리말 뜻' 순으로 횡렬로 정리하였습니다. 독음이나 우리말 뜻 부분을 따로 암기하고 싶을 때 간편하게 가리고 단어를 외워 보세요.

목 차

머리말 _ 5 / 일러두기 _ 6 / 목차 _ 8

Chapter 1 명사
- Unit 1 　명사의 활용(현재) _ 12
- Unit 2 　명사의 활용(과거) _ 14
- Unit 3 　대명사 _ 16
- Unit 4 　연체사와 「の」의 용법 _ 18

Chapter 2 い형용사
- Unit 5 　い형용사의 기본 용법 _ 22
- Unit 6 　い형용사의 활용(과거) _ 24
- Unit 7 　い형용사의 활용(기타) _ 26
- Unit 8 　い형용사 기타 _ 28

Chapter 3 な형용사
- Unit 9 　な형용사의 기본 용법 _ 32
- Unit 10 　な형용사의 활용(과거) _ 34
- Unit 11 　な형용사의 활용(기타) _ 36
- Unit 12 　な형용사 기타 _ 38

Chapter 4 동사
- Unit 13 　존재표현 _ 42
- Unit 14 　동사의 분류 _ 44
- Unit 15 　1그룹 동사의 활용 _ 46
- Unit 16 　2그룹 동사의 활용 _ 48
- Unit 17 　3그룹 동사의 활용 _ 50
- Unit 18 　동사의 연체형 _ 52
- Unit 19 　동사의 て형(1그룹) _ 54
- Unit 20 　동사의 て형(2, 3그룹) _ 56
- Unit 21 　동사의 た형(1그룹) _ 58
- Unit 22 　동사의 た형(2, 3그룹) _ 60
- Unit 23 　가능동사 (1) _ 62
- Unit 24 　가능동사 (2) _ 64

Unit 25	수수동사 ⑴ _ 66	
Unit 26	수수동사 ⑵ _ 68	
Unit 27	동사의 조건형 ⑴ _ 70	
Unit 28	동사의 조건형 ⑵ _ 72	
Unit 29	자동사와 타동사의 구별 _ 74	
Unit 30	자동사와 타동사의 진행, 상태 _ 76	
Unit 31	보조동사 _ 78	
Unit 32	복합동사 _ 80	
Unit 33	동사의 관용적 표현 _ 82	

Chapter 5 조동사

- Unit 34 수동, 가능, 자발, 존경표현의 れる・られる _ 86
- Unit 35 사역표현 せる・させる _ 88
- Unit 36 양태, 전문의 そうだ _ 90
- Unit 37 불확실한 단정의 ようだ와 추정표현 らしい _ 92
- Unit 38 희망의 조동사 たい・たがる・ほしい _ 94

Chapter 6 경어

- Unit 39 존경표현 _ 98
- Unit 40 겸양표현 _ 100

Chapter 7 부사

- Unit 41 부사의 종류와 쓰임 ⑴ _ 104
- Unit 42 부사의 종류와 쓰임 ⑵ _ 106
- Unit 43 부사의 종류와 쓰임 ⑶ _ 108

Chapter 8 접속사, 조사

- Unit 44 접속사 _ 112
- Unit 45 조사 _ 114

부록: 동사 어미변화형 표 _ 128
본문 해석 및 정답 _ 130

Chapter 1

명사

알아 봅시다! 명사와 연체사

Q 명사가 뭔가요?

A 일본어 문장을 이루는 품사는 일반적으로 10가지가 있습니다.
(명사, い형용사, な형용사, 동사, 조동사, 조사, 접속사, 부사, 연체사, 감동사)
그 중 명사는 사람이나 물건, 개념 등을 지칭하는 품사를 말합니다.

Q 명사는 중요한 품사인가요?

A 명사는 문장의 기본 골격(体)을 만드는 품사로 체언(体言)이라고 합니다.
없어서는 안 되는 중요한 품사로 뒤에 어떤 조사가 오는가에 따라 주어, 목적어 등의 역할을 수행하게 됩니다.

Q 명사는 종류가 다양한가요?

A 일반적인 사물이나 개념을 지칭하는 보통명사[1], 사람이나 지명 등 고유의 이름을 나타내는 고유명사[2], 다른 명사를 대신하여 쓰이는 대명사(지시대명사, 인칭대명사)[3], 문법적으로 명사이지만 특별한 의미를 가지지 않는 형식명사[4] 가 있습니다.

① イさんはソウルのある会社の部長です。   이 씨는 서울의 어느 **회사**의 **부장**입니다.
② イさんはソウルのある会社の部長です。   **이 씨**는 서울의 어느 회사의 부장입니다.
③ それは彼のものではありません。   **그것**은 **그**의 것이 아닙니다.
④ つもり(작정), ため(위함), こと(일) 등

Q 연체사는 뭔가요? 이름부터 너무 어려워요~

A 연(연결하다) + 체(체언=명사). 즉, 명사에 연결되어 명사를 수식하기 위한 품사입니다.
「연체사 + 명사」의 형태로 함께 하나의 명사 단위를 이룹니다. 자립해서 쓰이지 못하고, 문법적 활용도 불가능합니다.

その本はとても面白いですよ。   **그** 책은 매우 재미있어요.
先生はどんなコーヒーが好きですか。   선생님은 **어떤** 커피를 좋아하세요?

Unit 1 명사의 활용(현재)

① 명사의 보통체 긍정   명사 + は + 명사 + だ : ~은(는) ~(이)다

「だ」는 우리말의 '~(이)다'로, 모든 명사 뒤에 붙어서 정의, 단정을 내릴 때 쓰이는 조동사이다.

- 私は大学生だ。   나는 대학생이다.
- これはオレンジジュースだ。   이것은 오렌지주스(이)다.

② 명사의 보통체 부정   명사 + は + 명사 + ではない : ~은(는) ~(이/가)아니다
　　　　　　　　　　　　　　　　　　　　　　じゃない

우리말의 '~(이/가)아니다, ~(지)않다'로 해석되며, 두 가지 표현 모두 쓰이지만 보통 회화체에서는 「~じゃない」쪽이 더 많이 쓰이고 있다.

- 私は大学生ではない。   나는 대학생이 아니다.
- これはオレンジジュースじゃない。   이것은 오렌지주스가 아니다.

> 참고_ 보통체 의문문은 명사 뒤의 억양을 높인다.
> 　　　あなた、学生？ ｜ うん、学生。 ｜ ううん、学生じゃない。
> 　　　당신, 학생이야? ｜ 응, 학생. ｜ 아니, 학생이 아냐.

③ 명사의 정중체 긍정   명사 + は + 명사 + です : ~은(는) ~입니다

「です」는「だ」의 정중 표현으로, 역시 모든 명사 뒤에 붙어 정의, 단정을 내릴 때 쓰이는 조동사이다.

- 私は大学生です。   나는 대학생입니다.
- これはオレンジジュースです。   이것은 오렌지주스입니다.

④ 명사의 정중체 부정   명사 + は + 명사 + ではありません : ~은(는) ~(이/가)아닙니다
　　　　　　　　　　　　　　　　　　　　　　ではないです
　　　　　　　　　　　　　　　　　　　　　　じゃありません
　　　　　　　　　　　　　　　　　　　　　　じゃないです

역시「じゃありません/じゃないです」형태가 회화체로 더 많이 쓰인다.

- 私は大学生ではありません。   나는 대학생이 아닙니다.
- これはオレンジジュースじゃないです。   이것은 오렌지주스가 아닙니다.

> 참고_ 정중체 의문문은 명사 뒤에「か」를 붙인다.
> 　　　あなたは学生ですか？ ｜ はい、学生です。 ｜ いいえ、学生じゃないです。
> 　　　당신은 학생입니까? ｜ 네, 학생입니다. ｜ 아니오, 학생이 아닙니다.

練習問題

01 [보기]와 같이 긍정문을 부정문으로, 부정문을 긍정문으로 바꾸어 보세요.

| [보기] 彼は私の恋人じゃない。 | ⋯▶ | 彼は私の恋人だ 。 |

1. これは私の車だ。 ⋯▶ _____。
2. 今日は日曜日だ。 ⋯▶ _____。
3. 彼がイさんです。 ⋯▶ _____。
4. ハさんのかばんはこれです。 ⋯▶ _____。
5. あれはトンデムンじゃないです。 ⋯▶ _____。

02 [보기]와 같이 보통체 문장은 정중체로, 정중체 문장은 보통체로 바꾸어 보세요.

| [보기] ハさんのかばんはこれです。 | ⋯▶ | ハさんのかばんはこれだ 。 |

1. 木村さんは先生だ。 ⋯▶ _____。
2. これは私の車だ。 ⋯▶ _____。
3. それは本ではありません。 ⋯▶ _____。
4. 今日は日曜日だ。 ⋯▶ _____。
5. 私は学生じゃない。 ⋯▶ _____。

03 밑줄 친 부분을 해석해 보세요.

1. 私の夢は医者です。   저의 꿈은 _____ .
2. あなたが佐藤さんですか。   당신이 사토우 씨 _____ ?
3. それは私の本ではありません。 그것은 저의 책 _____ .
4. 今日は水曜日だ。   오늘은 수요일 _____ .
5. 私は日本人じゃないです。   나는 일본인 _____ .

04 [보기]와 같이 그림을 보고 질문에 알맞은 답을 써 보세요.

[보기]
Q: 彼は韓国人ですか？
A: いいえ、彼は韓国人ではありません 。

1

Q: あなたは学生ですか？
A: _____ 。

2
Q: それは辞書ですか？
A: _____ 。

Unit 2 명사의 활용(과거)

1 명사의 보통체 긍정   명사 + は + 명사 + だった : ~은(는) ~(이)었다

「た」는 과거형 조동사로 모든 품사에 붙어서 과거시제를 나타내 주며, 명사에 「~だった」의 형태로 접속한다.

- 田中さんの誕生日は日曜日だった。 타나카 씨의 생일은 일요일이었다.
- 私の夢は先生だった。 나의 꿈은 선생님이었다.

2 명사의 보통체 부정   명사 + は + 명사 + ではなかった : ~은(는) ~(이/가)아니었다
                                    じゃなかった

- 田中さんの誕生日は日曜日ではなかった。 타나카씨의 생일은 일요일이 아니었다.
- 私の夢は先生じゃなかった。 나의 꿈은 선생님이 아니었다.

> 참고_ 평서문으로 의문문의 뜻을 나타내는 경우는 말 끝부분의 억양을 높여서 의문문임을 나타낸다.
>
> 昨日、日曜日だった？(↗) | うん、日曜日だった。 | ううん、日曜日じゃなかった。
> 어제 일요일이었니? | 응, 일요일이었어. | 아니, 일요일이 아니었어.
>
> 일반적인 의문문은 문장 끝에 의문조사 「か」를 붙인다.
>
> 昨日、日曜日でしたか。 | はい、日曜日でした。 | いいえ、日曜日じゃなかったです。
> 어제 일요일이었습니까? | 네, 일요일이었습니다. | 아니요, 일요일이 아니었습니다

3 명사의 정중체 긍정   명사 + は + 명사 + でした   : ~은(는) ~이었습니다
                                    だったんです

「~です」의 과거형은 「~でした」로, 역시 정중표현으로 모든 명사 뒤에 붙어 정의, 단정을 내릴 때 쓰이는 조동사이다. 「~だった(ん)です」는 보통체 과거형 「~だった」에 정중체 「~(ん)です」를 붙인 형태이다.

- 田中さんの誕生日は日曜日でした。 타나카 씨의 생일은 일요일이었습니다.
- 私の夢は先生だったんです。 나의 꿈은 선생님이었습니다.

4 명사의 정중체 부정   명사 + は + 명사 + ではありませんでした : ~은(는) ~(이/가)아니었습니다
                                    ではなかったです
                                    じゃありませんでした
                                    じゃなかったです

「~ではなかった + (ん)です」는 보통체 부정 「~ではなかった」에 정중체인 「~(ん)です」를 붙인 형태이다.

- 田中さんの誕生日は日曜日ではありませんでした。 타나카 씨의 생일은 일요일이 아니었습니다.
- 私の夢は先生じゃなかったです。 나의 꿈은 선생님이 아니었습니다.

練習問題

01 [보기]와 같이 현재시제 문장을 과거시제로 바꾸어 보세요.

[보기] キムさんは私の恋人じゃないです。 → キムさんは私の恋人じゃありませんでした。

1. 田中さんの誕生日は日曜日です。 → ＿＿＿＿＿＿＿＿＿＿。
2. 彼女は有名なタレントです。 → ＿＿＿＿＿＿＿＿＿＿。
3. その料理は「カルビ」じゃない。 → ＿＿＿＿＿＿＿＿＿＿。

02 [보기]와 같이 긍정문을 부정문으로, 부정문을 긍정문으로 바꾸어 보세요.

[보기] 彼はイさんでした。 → 彼はイさんではありませんでした。

1. 私は学生じゃありませんでした。 → ＿＿＿＿＿＿＿＿＿＿。
2. ハさんは先生だった。 → ＿＿＿＿＿＿＿＿＿＿。
3. それは本ではなかった。 → ＿＿＿＿＿＿＿＿＿＿。

03 [보기]와 같이 그림을 보고 질문에 알맞은 답을 써 보세요.

[보기]
Q: 彼が持っていたのは雑誌でしたか。
A: いいえ、雑誌じゃありませんでした。新聞でした。

1. (2月 15 日曜日)
Q: 昨日は日曜日でしたか。
A: ＿＿＿＿＿＿＿＿＿＿。

2. (花)
Q: 昨日のプレゼントはチョコレートでしたか。
A: ＿＿＿＿＿＿＿＿＿＿。

04 괄호 안의 어휘를 이용해 우리말 뜻에 맞는 문장을 만들어 보세요.

1. A: 저기는 공원이었니? [あそこ, 公園]
   → ＿＿＿＿＿＿＿＿＿＿。

   B: 아니, 공원이 아니었어. 학교였어. [学校]
   → ＿＿＿＿＿＿＿＿＿＿。

2. A: 그것은 선생님의 책이었습니까? [それ, 先生の本]
   → ＿＿＿＿＿＿＿＿＿＿。

   B: 아니요, 선생님의 책이 아니었어요. 나의 책이었어요. [私の本]
   → ＿＿＿＿＿＿＿＿＿＿。

대명사

대명사란 무언가를 직접적으로 이름을 부르지 않고 간접적으로 표현하는 명사를 말한다.

① 인칭대명사   사람의 이름(고유명사)을 대신하여 표현한다.

1인칭	私(나/저), わたくし(저), 僕・おれ(내[남성의 경우])	2인칭	あなた (너/당신), 君(자네/너), お前(너)
3인칭	彼(그), 彼女(그녀)	부정칭	どなた(어느 분), だれ(누구)

1) 「私・わたくし」는 남녀노소 모두 쓸 수 있지만, 「僕・おれ」는 지극히 남성적인 어투로 남자들이 사용한다. 또한 「わたくし」는 「私」보다 더 격식을 차린 겸양어이다.

2) 2인칭의 세 가지 모두 동등한 입장의 상대 혹은 아랫사람에게 말할 때 쓰인다. 윗사람에게 직접 쓰는 것은 실례이며, 이 경우 이름에 「～さん」 혹은 「部長・社長」등의 직함을 붙여 부르는 것이 좋다.
- 私は本田です。どうぞよろしくお願いします。 저는 혼다입니다. 잘 부탁드립니다.
- それは彼の本ではないです。 그것은 그의 책이 아닙니다.

② 지시대명사   사물, 장소, 방향 등을 가리킨다.

근칭		중칭		원칭		부정칭	
これ	이것	それ	그것	あれ	저것	どれ	어느 것
ここ	여기	そこ	거기	あそこ	저기	どこ	어디
こちら (こっち)	이쪽	そちら (そっち)	그쪽	あちら (あっち)	저쪽	どちら (どっち)	어느 쪽

1) 지시대명사를 이용한 질문과 대답의 경우, 다음과 같이 대답한다.

「これ(이것)」→「それ(그것)」   「それ(그것)」→「これ(이것)」   「あれ(저것)」→「あれ(저것)」

- それは何ですか。 → これは私の本です。 그것은 무엇입니까? → 이것은 나의 책입니다.
- あれは何ですか。 → あれは公園ですよ。 저것은 무엇입니까? → 저것은 공원입니다.

2) 대화자 간에 서로 이미 알고 있는 것을 나타낼 때의 '그거/거기'라는 표현으로는 「あれ/あそこ」를 쓴다.
- A: 昨日のワンピース、どうでしたか？ 어제의 원피스, 어땠나요?
  B: あれはちょっと…。 그건 조금….
- A: ジャニーズレストランはおいしいですね。 쟈니즈 레스토랑은 (음식이) 맛있네요.
  B: はい、あそこはおいしいですよ。 네, 거기는 (음식이) 맛있어요.

> 참고   「彼」,「彼女」는 각각 남자친구, 여자친구라는 연인의 개념으로도 쓰인다. 또한 일본어로 애인은 「恋人」라고 하며, 우리말 식으로 「愛人」이라는 표현은 바람직하지 않은 관계(불륜 등)의 속어로 쓰이므로 주의하자.
>
> 일상 회화에서는 「あなた」를 「あんた」로, 「わたし」를 「あたし」로 발음하는 경우가 있다. (「あたし」의 경우는 주로 나이 어린 여성이 사용)

練習問題

01 빈칸에 알맞은 인칭대명사를 적어 보세요.

1 나(저)는 다나카입니다. 잘 부탁드립니다.   [　　　　]は田中です。どうぞよろしく。

2 저 방 안의 사람은 누구입니까?   あの部屋の中の人は[　　　　]ですか。

3 그녀는 아주 유명한 운동선수였습니다.   [　　　　]はとても有名な運動選手でした。

4 당신과 함께 가고 싶어요.   [　　　　]と一緒に行きたいんです。

5 한 선생님은 어느 분입니까?   ハン先生は[　　　　]ですか。

02 빈칸에 알맞은 지시대명사를 적어 보세요.

1 이것은 얼마입니까?   [　　　　]はいくらですか。

2 어느 것이 정답일까요?   [　　　　]が正解でしょう。

3 화장실은 그 쪽입니다.   トイレは[　　　　]です。

4 가방은 저기에 두었습니다.   かばんは[　　　　]に置きました。

5 그것은 누구의 사전입니까?   [　　　　]は誰の辞書ですか。

6 인사동은 어느 쪽입니까?   インサドンは[　　　　]ですか。

7 내일 여기에서 만납시다.   明日、[　　　　]で会いましょう。

03 [보기]와 같이 주어진 어휘를 이용해 문장을 만들어 보세요.

[보기] これ / 本 / いいえ	A: これは本ですか。 B: いいえ、それは本じゃありません。

1 それ / かばん / いいえ   A: ＿＿＿＿＿＿＿＿＿＿。
                                                  B: ＿＿＿＿＿＿＿＿＿＿。

2 あれ / ソウルタワー / はい   A: ＿＿＿＿＿＿＿＿＿＿。
                                                  B: ＿＿＿＿＿＿＿＿＿＿。

04 괄호 안의 어휘를 이용해 다음 질문에 알맞은 답을 써 보세요.

1 A: 이것은 누구의 시계입니까? [田中さん, 時計]
    B: ＿＿＿＿＿＿＿＿＿＿。

2 A: 화장실은 어디입니까? [トイレ, ここ]
    B: ＿＿＿＿＿＿＿＿＿＿。

3 A: 그것은 당신의 책입니까? [私のではない]
    B: ＿＿＿＿＿＿＿＿＿＿。

Unit 4 연체사와 「の」의 용법

연체사란, 연(연결하다) + 체(체언=명사)의 의미로, 오직 명사를 수식하기 위한 품사를 말한다. 독립하여 쓰이지 못하고, 문법적 활용도 하지 않는 것이 특징이다. 연체사는 명사와 떨어질 수 없는 개념이므로 '연체사 + 명사'의 형태로 함께 하나의 명사 단위를 이룬다.

① 연체사의 유형

1) **지시어 관련**: この(이) / その(그) / あの(저) / どの(어느) / こんな(이런) / そんな(그런) / あんな(저런) / どんな(어떤)
   - この傘は誰のですか。 이 우산은 누구 것입니까?
   - そんなことは早く忘れたほうがいい。 그런 일은 빨리 잊는 게 좋다.

2) **「〜た」의 형태**: たいした(별, 대수로운), ちょっとした(대수롭지 않은), だった(오직, 단)
   - たいしたことないから、心配しないで。 별일 아니니까, 걱정하지 마.
   - 世界で、たった一つの存在。 세상에서 단 하나뿐인 존재.

3) **「〜る」의 형태**: ある(어느), あらゆる(온갖, 모든), いわゆる(소위), さる(지난)
   - これは東京のある店で買ったの。 이것은 도쿄의 어느 가게에서 샀어.

4) **「〜な」의 형태**: いろんな(여러, 갖가지), おおきな(커다란), ちいさな(자그마한), おかしな(이상한)
   - いろんな種類のお花。 여러가지 종류의 꽃.
   - 私には大きな夢があるの。 나에겐 커다란 꿈이 있어.

② 「の」의 여러 가지 용법
문장 안에서 품사를 달리하며, 여러 가지 용법으로 쓰인다.

1) 소유자 + の + 소유물
   ⋯▶ 소유격 조사 '〜의'
   - これは私の本です。 이것은 나의 책입니다.
   - 先生のかばんはどれですか。 선생님의 가방은 어느 것입니까?

2) 소유자 + の
   ⋯▶ 소유격 대명사 '〜의 것'
   - これは私のです。 이것은 내 것입니다.
   - 先生のはもっと大きいですね。 선생님의 것은 좀 더 크군요.

3) 수식어 + の
   ⋯▶ 대명사 '〜한(인) 것'
   - もっと大きいのはありませんか。 좀 더 큰 것은 없습니까?
   - 早く食べるのは健康によくありません。 빨리 먹는 것은 건강에 좋지 않습니다.

4) 신분, 지위 + の + 명사
   ⋯▶ 동격 조사 '〜인'
   - こちらは部長の田中さんです。 이쪽은 부장인 다나카 씨입니다.
   - 日本人の田中さん。 일본인인 다나카 씨.

5) 명사 + の + 명사
   - 日本語の本を買いました。 일본어(로 된) 책을 샀습니다.
   - 中国人の先生。 중국인 선생님.

6) 소속처 + の + 소속인
   ⋯▶ 소속 '〜의(인)'
   - 中国人のチンさん。 중국인 친 씨.
   - 私は韓国物産のキムと申します。 저는 한국물산의 김이라고 합니다.

練習問題

01 [보기]에서 알맞은 연체사를 찾아 빈칸을 채워 보세요.

[보기]　あの　そんな　どんな　この　ある　いろんな　大きな

1. _____ かばんはいくらですか。　　　저 가방은 얼마입니까?
2. _____ スタイルがすきですか。　　　어떤 스타일을 좋아하세요?
3. 世の中、_____ 人がいますよ。　　이 세상에는 여러 가지 사람이 있어요.
4. _____ 部屋がほしいです。　　　　큰 방을 갖고 싶어요.
5. 日本の_____ 町に「ピピ」という女の子が住んでいました。　일본의 어느 마을에 삐삐라는 여자아이가 살고 있었어요.
6. _____ 本借りてもいいですか。　　이 책 빌려도 될까요?

02 밑줄 친 부분을 해석해 보세요.

1. 先生、日本語の本を買いました。　　선생님, _____ 을 샀어요.
2. それは私のじゃないです。　　　　　그것은 _____ 이(가) 아닙니다.
3. こちらは私の友達のキムです。　　　이쪽은 _____ 입니다.
4. 私の彼女の夢は医者でした。　　　　_____ 은(는) 의사였습니다.
5. こちらは韓国物産のイさんです。　　이쪽은 _____ 입니다.
6. 白いのにしますか、黒いのにしますか。　_____ (으)로 하시겠습니까, _____ (으)로 하시겠습니까?
7. 私の妹のチエです。　　　　　　　　_____ 입니다.

03 여러 가지 「の」의 용법을 이용하여 우리말 뜻에 알맞은 문장을 만들어 보세요.

1. 그것은 당신의 것입니까? [それ, あなた]
   …→ _____ 。

2. 나의 책은 이것입니다. [私, 本, これ]
   …→ _____ 。

3. 친구인 다나카는 회사원입니다. [友達, 田中, 会社員]
   …→ _____ 。

4. 김 씨는 일본어 선생님입니다. [キムさん, 日本語, 先生]
   …→ _____ 。

5. 저는 일본물산의 다나카입니다. [私, 日本物産, 田中]
   …→ _____ 。

6. 기무라 씨는 매운 것을 매우 좋아합니다. [木村さん, 辛い, とても, 好きです]
   …→ _____ 。

Chapter 2

い형용사

알아 봅시다! い형용사의 정의 및 성질

Q い형용사란 무엇인가요?

A 일본어의 서술어에는 세 가지 품사(동사, い형용사, な형용사)가 있습니다. 형용사는 상태, 성질, 인상, 감정, 감각 등을 나타내는데, 종류가 い형용사, な형용사로 두 가지랍니다.

Q 그럼, な형용사와 다른 점은 무엇인가요?

A 다른 점은 어미가 い로 끝나는 것이고, 그리고 문법 활용이 다르다는 것이죠. 기본 어휘를 다음과 같이 정리해 보았습니다.

大きい	크다	難しい	어렵다
小さい	작다	易しい	쉽다
高い	비싸다	新しい	새롭다
安い	싸다	古い	오래되다
近い	가깝다	優しい	상냥하다
遠い	멀다	辛い	맵다
寒い	춥다	甘い	달다
暑い	덥다	明るい	밝다
面白い	재미있다	おいしい	맛있다

Q 어간과 어미란 무언가요?

A 하나의 서술어는 뜻을 담당하는 부분인 '어간'과 문법적 기능을 담당하는 부분인 '어미'로 구분되는데, 일본어의 경우는 맨 끝 글자가 어미가 된답니다. 위의 표를 살펴보면, 명사를 수식할 때 「～い」의 형태로 수식하기 때문에 い형용사라고 하는 것이죠.

い形容사의 기본 용법

1 기본형　　　어간 + い : ～(하)다

- 今日は寒い。　오늘은 **춥다**.
- このかばんは高い。　이 가방은 **비싸다**.
- 日本のドラマは面白い。　일본 드라마는 **재미있다**.

2 명사수식형　　　어간 + い + 명사 : ～한, ～인

- 寒い日　　추운 날
- 高いかばん　　비싼 가방
- 面白いドラマ　　재미있는 드라마

3 정중표현　　　어간 + い + です : ～합니다

- 今日は寒いです。　오늘은 **춥습니다**.
- このかばんは高いです。　이 가방은 **비쌉니다**.
- 日本のドラマは面白いです。　일본 드라마는 **재미있습니다**.

4 부정표현　　　어간 + い → 어간 + く + ない: ～(하)지 않다 (보통체)
　　　　　　　　　　　　　　어간 + く + ないです　　 : ～(하)지 않습니다 (정중체)
　　　　　　　　　　　　　　　　　　 + ありません

- 今日は寒くない。　오늘은 **춥지 않다**.
- このかばんは高くないです。　이 가방은 **비싸지 않습니다**.
- 日本のドラマは面白くありません。　일본 드라마는 **재미있지 않습니다**.

5 て형(연결형)　　　어간 + い → 어간 + く + て: ～(그러)하고, 해서

문장을 연결해서 말할 때 쓰이는 형태로 보통「～하고, ～해서」정도로 해석된다.

- 彼女は背が高い。　彼女は顔も小さい。　그녀는 키가 **크다**. 그녀는 얼굴도 작다.
  → 彼女は背が高くて、顔も小さい。　그녀는 키가 **크고** 얼굴도 작다.
- 今日は暖かい。　今日の天気はいい。　오늘은 **따뜻하다**. 오늘 날씨는 좋다.
  → 今日は暖かくて、いい。　오늘은 **따뜻해서** 좋다.

> 참고_ '좋다'라는 의미의 형용사 「良い(いい・よい)」는 뒤의 어미 「い」가 활용되어 다른 글자로 바뀌는 경우 앞의 어간 「い」가 「よ」로 발음된다.
> 　　いいですか。 → よくないです。　　좋습니까? → 좋지 않습니다.
> 　　天気がいい。 → 天気がよくて　　　날씨가 좋다. → 날씨가 좋아서

練習問題

01 [보기]와 같이 긍정문을 부정문으로, 부정문을 긍정문으로 바꾸어 보세요.

> [보기] 日本語は難しくありません。 …▶ 日本語は難しいです。

1. この教室は明るい。 …▶ ＿＿＿＿＿＿＿＿＿＿＿＿＿＿。
2. 東京の物価は安くない。 …▶ ＿＿＿＿＿＿＿＿＿＿＿＿＿＿。
3. 日本は近いです。 …▶ ＿＿＿＿＿＿＿＿＿＿＿＿＿＿。
4. 私の日本語の先生は優しいです。 …▶ ＿＿＿＿＿＿＿＿＿＿＿＿＿＿。
5. 彼は頭がいいです。 …▶ ＿＿＿＿＿＿＿＿＿＿＿＿＿＿。
6. 私の学校は遠くない。 …▶ ＿＿＿＿＿＿＿＿＿＿＿＿＿＿。
7. 今回の成績はよくないです。 …▶ ＿＿＿＿＿＿＿＿＿＿＿＿＿＿。

02 [보기]와 같이 두 개의 문장을 한 문장으로 만들어 보세요.

> [보기] トッポキは辛いです。 トッポキは甘いです。
> 떡볶이는 맵고 답니다. …▶ トッポキは辛くて甘いです
> 떡볶이는 달고 맵습니다. …▶ トッポキは甘くて辛いです

1. 彼女はかわいいです。 彼女は頭がいいです。
   그녀는 귀엽고, 머리가 좋습니다. …▶ ＿＿＿＿＿＿＿＿＿＿＿。
   그녀는 머리도 좋고, 귀엽습니다. …▶ ＿＿＿＿＿＿＿＿＿＿＿。
2. 山田さんは優しいです。 山田さんはいつも明るいです。
   야마다 씨는 상냥하고 항상 밝습니다. …▶ ＿＿＿＿＿＿＿＿＿＿＿。
   야마다 씨는 항상 밝고 상냥합니다. …▶ ＿＿＿＿＿＿＿＿＿＿＿。
3. このケイタイは軽いです。 このケータイは新しいです。
   이 휴대폰은 가볍고 새롭습니다. …▶ ＿＿＿＿＿＿＿＿＿＿＿。
   이 휴대폰은 새롭고 가볍습니다. …▶ ＿＿＿＿＿＿＿＿＿＿＿。

03 괄호 안의 어휘를 이용해 우리말 뜻에 알맞은 문장을 만들어 보세요.

1. 오늘은 그다지 덥지 않습니다. [今日, あまり, 暑い]

   …▶ ＿＿＿＿＿＿＿＿＿＿＿＿＿＿＿＿＿＿＿＿＿＿＿＿＿。

2. 야마다 씨는 키가 큽니까? [山田さん, 背, 高い]

   …▶ ＿＿＿＿＿＿＿＿＿＿＿＿＿＿＿＿＿＿＿＿＿＿＿＿＿。

3. 그는 상냥하고, 마음이 따뜻합니다. [彼, 優しい, 心, 温かい]

   …▶ ＿＿＿＿＿＿＿＿＿＿＿＿＿＿＿＿＿＿＿＿＿＿＿＿＿。

い形容詞の活用(과거)

① 과거보통체 긍정　　어간 + かった : ~(했)다

어미「い」를「かった」로 바꾼다.

- 昨日は寒かった。　어제는 **추웠다**.
- このかばんは高かった。　이 가방은 **비쌌다**.
- そのドラマは面白かった。　그 드라마는 **재미있었다**.

> 참고_ 보통체 과거형의 의문문은「か」를 붙이지 않고 끝의 억양만을 올린다.
> 　　　昨日、寒かった。　　│　うん、寒かった。　　│　ううん、寒くなかった。
> 　　　어제 추웠니?　　　　│　응. 추웠어　　　　　│　아니, 춥지 않았어.

② 과거보통체 부정　　어간 + く + なかった : ~(하)지 않았다

- 昨日は寒くなかった。　어제는 **춥지 않았다**.
- このかばんは高くなかった。　이 가방은 **비싸지 않았다**.
- そのドラマは面白くなかった。　그 드라마는 **재미있지 않았다**.

③ 과거정중체 긍정　　어간 + かったです : ~(했)습니다

과거형「かった」에 공손체 조동사「です」를 붙인다.

- 昨日は寒かったです。　어제는 **추웠습니다**.
- このかばんは高かったです。　이 가방은 **비쌌습니다**.

④ 과거정중체 부정　　어간 + く + ありませんでした : ~(하)지 않았습니다
　　　　　　　　　　　　　　　　　なかったです

- 昨日は寒くなかったです。　어제는 **춥지 않았습니다**.

> 참고_ 「~かったんです」의「ん」은 큰 의미없이 습관적으로 따라붙거나 때때로 약간의 강조 의미로 쓰이는 말투로, 회화체에서 주로 사용된다.
> 　　　そのドラマは**面白かったんです**。　　그 드라마는 **재미있었습니다**.
> 　　　このかばんは**高くなかったんです**。　이 가방은 **비싸지 않았습니다**.

練習問題

01 괄호 안의 현재시제 い형용사를 과거시제로 바꾸어 문장을 완성해 보세요.

1 昨日は、[暖かい]。　…▶ ＿＿＿＿＿＿＿＿＿＿＿＿＿＿＿＿＿＿＿。

2 先週のテストはとても[難しい]。　…▶ ＿＿＿＿＿＿＿＿＿＿＿＿＿＿＿＿＿＿＿。

3 去年の物価はとても[高いです]。　…▶ ＿＿＿＿＿＿＿＿＿＿＿＿＿＿＿＿＿＿＿。

02 [보기]와 같이 긍정문을 부정문으로, 부정문을 긍정문으로 바꾸어 보세요.

> **[보기]** そのドラマは面白くなかった。　…▶　そのドラマは面白かった＿＿＿。

1 テスト期間は長くなかった。　…▶ ＿＿＿＿＿＿＿＿＿＿＿＿＿＿＿＿＿＿＿。

2 子供のころ、背が高くなかったです。　…▶ ＿＿＿＿＿＿＿＿＿＿＿＿＿＿＿＿＿＿＿。

3 昨日は寒くありませんでした。　…▶ ＿＿＿＿＿＿＿＿＿＿＿＿＿＿＿＿＿＿＿。

03 괄호 안의 어휘를 이용해 우리말 뜻에 알맞은 문장을 만들어 보세요.

1 A: 어제는 바빴니? [昨日, 忙しい]　…▶ ＿＿＿＿＿＿＿＿＿＿＿＿＿＿＿＿＿＿＿。

　B: 응, 바빴어.

　　 아니, 바쁘지 않았어.　…▶ ＿＿＿＿＿＿＿＿＿＿＿＿＿＿＿＿＿＿＿。

2 A: 그 레스토랑의 서비스는 좋았습니까? [そのレストラン, サービス, いい]

　　　…▶ ＿＿＿＿＿＿＿＿＿＿＿＿＿＿＿＿＿＿＿。

　B: 네, 좋았습니다.

　　 아니요, 좋지 않았습니다.　…▶ ＿＿＿＿＿＿＿＿＿＿＿＿＿＿＿＿＿＿＿。

04 [보기]와 같이 괄호 안의 어휘를 이용해 문장을 완성해 보세요.

> **[보기]** 작년 겨울은 특히 추웠다.
> 去年の冬は特に[寒い] …▶ 寒かった＿＿＿。

1 어릴 적 엄마의 떡볶이는 굉장히 맛있었습니다.
子供のころ、母のトッポキはとても[おいしい] …▶ ＿＿＿＿＿＿＿＿＿＿。

2 하와이는 생각보다 그다지 덥지 않았습니다.
ハワイは思ったよりあまり[暑い] …▶ ＿＿＿＿＿＿＿＿＿＿。

3 휴일이었기 때문에 공원에는 사람이 많았다.
休みの日だったので、公園には人が[多い] …▶ ＿＿＿＿＿＿＿＿＿＿。

い形容사의 활용(기타)

❶ 부사적 용법   어간 + い → 어간 + く : ~하게

い형용사의 어간에 「く」를 붙여 만드는 연결형은 부사로도 쓰일 수 있다.

- 大きい(크다) → 大きく(크게)   もっと大きく作ってください。 좀 더 **크게** 만들어 주세요.
- 早い(빠르다) → 早く(빨리)   もっと早く歩いてください。 좀 더 **빨리** 걸어 주세요.

❷ 가정형   어간 + い → 어간 + ければ

「〜ば」는 조건, 가정을 나타내는 접속조사로 '~(하)면, ~라면' 정도로 해석이 가능하며, 「〜ば」가 い형용사에 붙는 경우는 어미 「い」가 「け」로 바뀌게 된다.

- 安い(싸다) → 安ければ(싸다면)   安ければ、二つ買います。 **싸다면**. 두 개 사겠습니다.
- いい(좋다) → よければ(좋다면)   成績がよければ、採用します。 성적이 **좋다면** 채용하겠습니다.

> 참고 조건, 가정을 나타내는 표현은 「と」「たら」「なら」「ば」가 있다. 모두 해석은 '~(하)면, ~라면'으로 비슷하나 각각의 뉘앙스가 다른데, 그 차이에 대해서는 Unit 27~28 〈동사의 조건형〉을 참고하도록 한다.
>
> | 어간 + い | → | 어간 + ければ | 安ければ |
> | 어간 + い | → | 어간 + い + と | 安いと |
> | 어간 + い | → | 어간 + い + なら | 安い(の)なら |
> | 어간 + い | → | 어간 + かったら | 安かったら |

❸ 추측형
어간 + い → 어간 + かろう   : ~(이)겠지
기본형 + だろう   : ~(이)겠지(보통형)
でしょう   : ~(이)겠지요, ~(일)겁니다(정중형)
かもしれません : ~(일)지도 몰라요

- いい → よかろう   彼は合格したから、気分もよかろう。
  그는 합격했으니까 기분도 **좋겠지**.
- いい → いいだろう   彼は合格したから、気分もいいだろう。
  그는 합격했으니까 기분도 **좋겠지**.
- 高い → 高いでしょう   あのダイヤは大きいから、高いでしょう。
  저 다이아몬드는 크니까 **비싸겠죠**.
- 遠い → 遠いかもしれません 毎日、遅刻しています。家が遠いかもしれません。
  매일 지각하고 있어요. 집이 먼 **지도 몰라요**.

> 참고 "~겠지"라는 추측의 표현으로는 「~だろう」가 일반적으로 더 많이 쓰이고 있으며, 간혹 신문이나 연설문 등에서는 「~かろう」를 쓰는 경우도 있다. 「~でしょう」는 그럴 가능성에 대한 확신이 강할 때 쓰이며, 「~かもしれません」은 그럴지도 모르겠고 그렇지 않을지도 모르겠다는 느낌으로 쓰인다. 특히 「~でしょう」는 주로 여성들이, 「~だろう」는 남성들이 사용하는 경향이 있다.

練習問題

01 [보기]와 같이 괄호 안의 어휘를 알맞게 바꾸어 문장을 완성해 보세요.

> [보기] もっと [早い] … ___早く___ 歩いてください。

1. 去年より、背が [高い] … _____ なりました。
2. 風がだんだん [強い] … _____ なってきた。
3. 部屋の中をもっと [明るい] … _____ してください。
4. 彼はなぜか [弱い] … _____ 見えますね。

02 [보기]와 같이 두 개의 문장을 한 문장으로 만들어 보세요.

> [보기] 安い。二つ買います。 … ___安ければ、二つ買います___ 。

1. 暑い。シャワーでも浴びてください。 … _____ 。
2. 甘い。塩を入れた方がいいですよ。 … _____ 。
3. 近い。近いほどいいですけど。 … _____ 。
4. 難しい。他の問題から、挑戦してみてください。
   … _____ 。

03 [보기]와 같이 그림을 보고 추측하는 문장을 완성해 보세요.

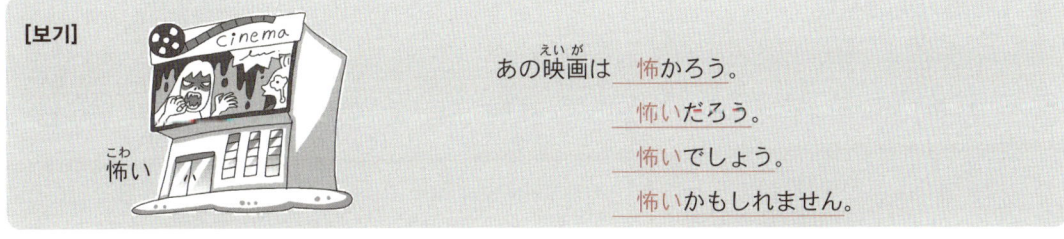

[보기] あの映画は 怖かろう。
怖いだろう。
怖いでしょう。
怖いかもしれません。

1
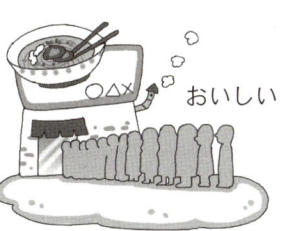
おいしい

あの店は _____ 。
_____ 。
_____ 。

2

暑い

タイは今頃、_____ 。
_____ 。
_____ 。

Unit 8 い형용사 기타

1 복합형용사

1) 동사 ます형 + い형용사
- 書く(쓰다) + やすい(쉽다) → 書きやすい(쓰기 쉽다)
- むす(찌다) + 暑い(덥다) → むし暑い(무덥다)
- する(하다) + にくい(어렵다) → しにくい(하기 어렵다)
- 見る(보다) + 苦しい(괴롭다) → 見苦しい(보기 흉하다)

2) 명사 + い형용사
- 力(힘) + 強い(강하다) → 力強い(마음 든든하다, 막강하다)
- 息(숨) + 苦しい(괴롭다) → 息苦しい(숨막히다)
- 塩(소금) + 辛い(짜다) → 塩辛い(너무 짜다)
- 心(마음) + 細い(가늘다) → 心細い(조마조마하다)

3) い형용사 어간 + い형용사
- 青い(파랗다) + 白い(하얗다) → 青白い(창백하다)
- 細い(가늘다) + 長い(길다) → 細長い(가늘고 길다)
- 古い(오래되다) + くさい(정도가 심하다) → 古くさい(매우 낡다)
- 薄い(엷다) + 暗い(어둡다) → 薄暗い(좀 어둡다)

2 い형용사의 명사화

1) 어간 + い → 어간 + さ: 일반적인 い형용사의 경우
- 寒い(춥다) → 寒さ(추위) 今日の寒さは-5℃までさがる。
  오늘의 추위는 영하 5도까지 내려간다.
- 高い(높다) → 高さ(높이) あのビルの高さはどのくらいでしょうかね。
  저 빌딩의 높이는 어느 정도나 될까요?

2) 어간 + い → 어간 + み: 주로 감정을 표현하기도 한다.
- 悲しい(슬프다) → 悲しみ(슬픔) この悲しみは私一人で乗り越えられる。
  이 슬픔은 나 혼자서 극복할 수 있어.

3) 어간 + い → 어간 + け: 신체적으로 느껴지는 기미, 현상 등을 말할 때 주로 사용되는 경향이 있다.
- 寒い(춥다) → 寒け(오한, 소름 끼침) なぜか寒けがするね。
  왠지 소름이 끼치는데.

4) 어간: 색을 나타내는 형용사의 경우 어간만으로도 명사가 될 수 있다.
- 赤い(빨갛다) → 赤(빨강)
- 白い(희다) → 白(하양)
- 黄色い(노랗다) → 黄色(노랑)
- 青い(파랗다) → 青(파랑)
- 黒い(검다) → 黒(검정)

練習問題

01 [보기]와 같이 그림에 어울리는 い형용사를 찾아 명사형으로 표현해 보세요.

| 白い　　高い　　寒い　　悲しい　　深い　　明るい |

[보기] 悲しみ

1. _____
2. _____
3. _____
4. _____
5. _____

02 복합형용사를 이용하여 우리말 뜻에 알맞은 문장을 만들어 보세요.

1. あなたの顔が [青い + 白い] … _____ ですよ。
   당신의 얼굴이 창백하군요.

2. 「本」は [細い + 長い] … _____ 物を数える時に使います。
   「本」은 가늘고 긴 것을 셀 때 씁니다.

3. あなたがいて [心 + 強い] … _____ です。
   당신이 있어서 마음이 든든합니다.

4. 空気がよくなくて [息 + 苦しい] … _____ です。
   공기가 좋지 않아서 숨쉬기 힘들어요.

5. あっ、この魚、[塩 + 辛い] … _____ よ。
   앗, 이 생선 너무 짜요.

Chapter 3

な형용사

알아 봅시다! な형용사의 정의 및 성질

A な형용사란 무엇인가요?

Q 앞서 말했듯이 일본어의 서술어에는 세 가지 품사(동사, い형용사, な형용사)가 있어요.
な형용사는 い형용사와 마찬가지로 상태, 성질, 인상, 감정, 감각 등을 나타낸답니다.

Q 그럼, い형용사와 다른 점은 무엇인가요?

A 다른 점은 어미가「だ」로 끝나는 것이고, 그리고 문법 활용이 다르다는 것이죠.
문법은 앞으로 차근차근 공부하기로 해요.
기본 어휘를 다음과 같이 정리해 보았습니다. 함께 외워 볼까요?

上手だ	잘하다	下手だ	못한다
好きだ	좋아하다	嫌いだ	싫어하다
便利だ	편리하다	不便だ	불편하다
親切だ	친절하다	きれいだ	예쁘다, 깨끗하다
簡単だ	간단하다	大変だ	힘들다
有名だ	유명하다	立派だ	훌륭하다
静かだ	조용하다	賑やかだ	번화하다
暇だ	한가하다	幸せだ	행복하다
真面目だ	성실하다	ハンサムだ	잘생겼다

Unit 9 な形容詞의 기본 용법

1 기본형   어간 + だ : ~(하)다

- 中村先生は親切だ。 나카무라 선생님은 **친절하다**.
- 彼女の声はきれいだ。 그녀의 목소리는 **예쁘다**.
- キム代理は真面目だ。 김대리는 **성실하다**.

> 참고_ な형용사의 보통체 의문문은 어미 「だ」를 지우고 말 끝의 억양을 높인다.
> あのビルきれい？ 저 빌딩 예쁘니?

2 な형(명사수식형)   어간 + だ → 어간 + な + 명사 : ~한

- 親切な中村先生   친절한 나카무라 선생님
- きれいな声   예쁜 목소리
- 真面目なキム代理   성실한 김대리

3 정중표현   어간 + だ → 어간 + です : ~합니다

- 中村先生は親切です。 나카무라 선생님은 **친절합니다**.
- 彼女の声はきれいです。 그녀의 목소리는 **예쁩니다**.
- キム代理は真面目です。 김대리는 **성실합니다**.

4 부정표현

```
어간 + だ → 어간 + ではない      : ~(하)지 않다(보통체)
              じゃない
         어간 + ではないです   : ~(하)지 않습니다(정중체)
              じゃないです
              じゃありません
              ではありません
```

- 中村先生は親切ではありません。 나카무라 선생님은 **친절하지 않습니다**.
- 彼女の声はきれいじゃありません。 그녀의 목소리는 **예쁘지 않습니다**.
- キム代理は真面目じゃないです。 김대리는 **성실하지 않습니다**.

5 で형(연결형)   어간 + だ → 어간 + で : ~하고, ~해서

문장과 문장을 연결할 때 쓰이는 형태로 보통 '~하고, ~해서' 정도로 해석된다.

- この部屋はきれいだ。 この部屋は静かだ。 이 방은 깨끗하다. 이 방은 조용하다.
  → この部屋はきれいで、静かだ。 이 방은 **깨끗하고**, 조용하다.
  → この部屋は静かで、きれいだ。 이 방은 **조용하고**, 깨끗하다.

練習問題

01 [보기]와 같이 긍정문을 부정문으로, 부정문을 긍정문으로 바꾸어 보세요.

> [보기] 私のパソコンは便利じゃない。 …▸ 私のパソコンは便利だ。

1 今日は暇だ。 …▸ ＿＿＿＿＿＿＿＿＿＿＿＿＿＿。
2 キム代理は真面目じゃない。 …▸ ＿＿＿＿＿＿＿＿＿＿＿＿＿＿。
3 この教室は静かだ。 …▸ ＿＿＿＿＿＿＿＿＿＿＿＿＿＿。
4 彼はフランス語が上手だ。 …▸ ＿＿＿＿＿＿＿＿＿＿＿＿＿＿。
5 そんなタイプは好きじゃない。 …▸ ＿＿＿＿＿＿＿＿＿＿＿＿＿＿。
6 田中さんの彼女はきれいだ。 …▸ ＿＿＿＿＿＿＿＿＿＿＿＿＿＿。
7 エジソンは立派だ。 …▸ ＿＿＿＿＿＿＿＿＿＿＿＿＿＿。
8 日本語は簡単だ。 …▸ ＿＿＿＿＿＿＿＿＿＿＿＿＿＿。

02 [보기]와 같이 괄호 안의 단어의 형태를 알맞게 바꾸어 문장을 완성해 보세요.

> [보기] カンナムは [にぎやかだ] 街ですね。 …▸ カンナムはにぎやかな街ですね。

1 [丈夫だ] 車がほしいです。 …▸ ＿＿＿＿＿＿＿＿＿＿＿＿＿＿。
2 キムさんはとても [真面目だ] 学生です。 …▸ ＿＿＿＿＿＿＿＿＿＿＿＿＿＿。
3 [好きだ] 韓国料理は何ですか。 …▸ ＿＿＿＿＿＿＿＿＿＿＿＿＿＿。

03 다음 두 개의 문장을 な형용사의 연결형을 이용해 한 문장으로 만들어 보세요.

1 彼は真面目です。彼は親切です。

   그는 성실하고, 친절합니다. …▸ ＿＿＿＿＿＿＿＿＿＿＿＿＿＿。

   그는 친절하고, 성실합니다. …▸ ＿＿＿＿＿＿＿＿＿＿＿＿＿＿。

2 ハン先生はきれいです。ハン先生は有名です。

   한 선생님은 예쁘고(예뻐서) 유명합니다. …▸ ＿＿＿＿＿＿＿＿＿＿＿＿＿＿。

   한 선생님은 유명하고 예쁩니다. …▸ ＿＿＿＿＿＿＿＿＿＿＿＿＿＿。

3 あのスーパーは安いです。あのスーパーはいつもにぎやかです。

   저 수퍼는 싸고(싸서) 언제나 붐빕니다. …▸ ＿＿＿＿＿＿＿＿＿＿＿＿＿＿。

   저 수퍼는 언제나 붐비고 쌉니다. …▸ ＿＿＿＿＿＿＿＿＿＿＿＿＿＿。

な형용사의 활용(과거)

1 과거보통체 긍정   어간 + だった : ~(했)다

과거형 조동사 「た」는 な형용사의 경우 어간에 「~った」의 형태로 붙는다. 간단하게 어미 「だ」를 「だった」로 바꾼다고 생각하면 되겠다.

- あの道具はなにかにつけて便利だった。 저 도구는 여러 모로 **편리했다**.
- 町はとてもにぎやかだった。 거리는 매우 **붐볐다**.
- 彼は料理が上手だった。 그는 요리가 **능숙했다**.

2 과거보통체 부정   어간 + ではなかった : ~(하)지 않았다
　　　　　　　　　　　어간 + じゃなかった

- あの道具は便利ではなかった。 저 도구는 **편리하지 않았다**.
- 町はあまりにぎやかではなかった。 거리는 별로 **붐비지 않았다**.
- 彼は料理が上手じゃなかった。 그는 요리가 **능숙하지 못했다**.

3 과거정중체 긍정   어간 + でした   : ~(했)습니다
　　　　　　　　　　　어간 + だったんです

보통체 과거형인 「だった」에 정중체 「~んです」가 합성되어 「~だったんです」가 된다.

- あの道具はなにかにつけて便利でした。 = 便利だったんです。 저 도구는 여러 모로 **편리했습니다**.
- 町はとてもにぎやかでした。 = にぎやかだったんです。 거리는 매우 **붐볐습니다**.
- 彼は料理が上手でした。 = 上手だったんです。 그는 요리가 **능숙했습니다**.

4 과거정중체 부정   어간 + ではありませんでした : ~(하)지 않았습니다
　　　　　　　　　　　　　　じゃありませんでした
　　　　　　　　　　　　　　ではなかったです
　　　　　　　　　　　　　　じゃなかったです

- あの道具は便利ではありませんでした。 저 도구는 **편리하지 않았습니다**.
- 町はあまりにぎやかじゃありませんでした。 거리는 별로 **붐비지 않았습니다**.
- 彼は料理が上手じゃなかったです。 그는 요리가 **능숙하지 않았습니다**.

練習問題

01 [보기]와 같이 긍정문을 부정문으로, 부정문을 긍정문으로 바꾸어 보세요.

> [보기] 昔、私の故郷はにぎやかじゃなかったです。 …▶ __昔、私の故郷はにぎやかでした__ 。

1. 昨日は暇だった。 …▶ _____。
2. 私はジャズが好きでした。 …▶ _____。
3. この店のいすは便利じゃなかった。 …▶ _____。
4. 彼女は有名じゃありませんでした。 …▶ _____。

02 [보기]와 같이 그림을 보고 질문에 알맞은 답을 써 보세요.

[보기]
Q: あの店はにぎやかでしたか。
A: いいえ、にぎやかではありませんでした 。

1
Q: キムさんはピアノが下手でしたか。
A: _____

2
Q: イさんは親切だったんですか。
A: _____

03 괄호 안의 어휘를 이용해 우리말 뜻에 알맞은 문장을 만들어 보세요.

1. A: 김 씨는 친절했었니? [キムさん, 親切だ] …▶ _____
   B: 응, 친절했었어. …▶ _____。
   아니, 친절하지 않았어. …▶ _____。

2. A: 당신은 피아노를 잘 쳤습니까? [あなた, ピアノ, 上手だ] …▶ _____
   B: 네, 잘 쳤습니다. …▶ _____。
   아니요, 잘 치지 못했습니다. …▶ _____。

04 [보기]와 같이 괄호 안의 어휘를 이용해 문장을 완성해 보세요.

> [보기] 휴일인데 공원은 별로 붐비지 않았다.
> 休みの日なのに公園はあまり [にぎやかだ] …▶ __にぎやかではなかった__ 。

1. あそこの医者はとても [親切だ] …▶ _____。 그곳의 의사는 매우 친절했다.
2. 昔、私の友達は学校で [有名だ] …▶ _____。 옛날, 내 친구는 학교에서 유명했다.
3. 私はジャズピアノがあまり [好きだ] …▶ _____。 나는 재즈 피아노를 별로 좋아하지 않았다.

Unit 11 な형용사의 활용(기타)

다.

1 부사적 용법   어간 + だ → 어간 + に : ~하게

な형용사의 어간에 「に」를 붙이면 い형용사의 경우처럼 부사적 용법으로도 쓰일 수 있다. 해석은 '~(하)게, ~도록, ~(이)히' 가 된다.

- 静かだ(조용하다) → 静かに(조용히)   ちょっと、静かにしてください。 좀 **조용히** 해 주세요.
- 親切だ(친절하다) → 親切に(친절하게)   親切に説明してくれました。 **친절하게** 설명해 주었습니다.

2 가정형

「~ならば」는 조건, 가정을 나타내는 표현으로, 여러 품사(동사, い형용사, な형용사, 명사)에 붙을 수 있는데, な형용사에 붙을 때는 「ば」를 생략하는 것이 일반적이다.

- ハンサムだ(잘생겼다) → ハンサムなら(ば)(잘생겼다면)
  ハンサムなら(ば)会います。 잘생겼다면 만날게요.

- 好きだ(좋아하다) → 好きなら(ば)(좋아한다면)
  その歌が好きなら、CDを買ってあげます。 그 노래가 **좋다면** CD를 사 줄게요.

3 추측형

어간 + だ → 어간 + だろう	: ~(이)겠지
でしょう	: ~(이)겠죠, ~(일)겁니다
かもしれません	: ~(일)지도 몰라요

- 上手だ(능숙하다) → 上手だろう(능숙하겠지)
  日本に住んだことがあるから、日本語が上手だろう。 일본에 산 적이 있으니까, 일본어가 **능숙하겠지**.

- 大丈夫だ(괜찮다) → 大丈夫でしょう(괜찮을 겁니다)
  もう、退院したから、大丈夫でしょう。 이제 퇴원했으니까 **괜찮을 겁니다**.

- 好きだ(좋아하다) → 好きかもしれません(좋아할 지도 몰라요)
  中村さんは辛いものが好きだから、トッポキも好きかもしれません。
  나카무라 씨는 매운 것을 좋아하니까. 떡볶이도 **좋아할 지도 몰라요**.

> 참고_ 이유나 원인을 설명할 때 쓰는 접속조사 「~から: ~(이기)때문에」는 각 품사의 기본형에 붙는다.
>   おいしい(맛있다) → おいしいから(맛있으니까)
>   すきだ(좋아하다) → すきだから(좋아하니까)

練習問題

01 [보기]와 같이 괄호 안의 어휘를 알맞게 바꾸어 보세요.

> [보기] 運動をして、今は [元気だ] なりました。 …▶ ___元気に___

1 ちょっと、[静かだ] してください。 …▶ _____
2 いつからか、彼のことが [好きだ] なりました。 …▶ _____
3 [きれいだ] 掃除をします。 …▶ _____
4 彼は日本語で [上手だ] 話せます。 …▶ _____

02 괄호 안의 어휘를 이용해 우리말 뜻에 알맞은 문장을 만들어 보세요.

1 조용하다면 그곳에서 공부하겠습니다. [静かだ, そこで勉強します]
  …▶ _____。
2 필요하다면 드리겠습니다. [必要だ, あげます]
  …▶ _____。
3 신선하다면 사겠습니다. [新鮮だ, 買います]
  …▶ _____。
4 잘생겼다면 만나 보겠습니다. [ハンサムだ, 会ってみます]
  …▶ _____。
5 싫어한다면 먹지 않아도 됩니다. [嫌いだ, 食べなくてもいいです]
  …▶ _____。

03 [보기]와 같이 그림을 보고 추측하는 문장을 완성해 보세요.

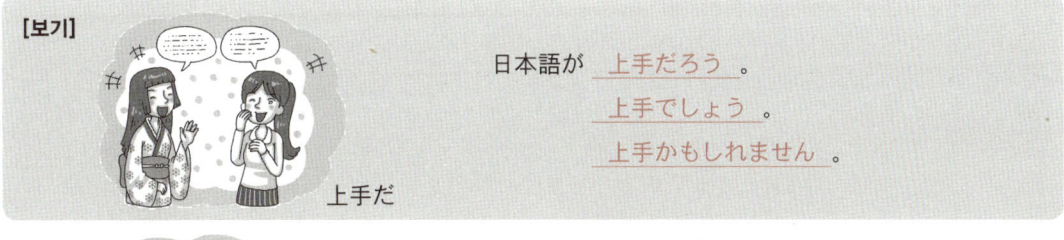

[보기]
日本語が ___上手だろう___ 。
      ___上手でしょう___ 。
      ___上手かもしれません___ 。
上手だ

1
好きだ
すしが _____ 。
       _____ 。

2
静かだ
店の中は _____ 。
        _____ 。

Unit 12 な형용사 기타

1 な형용사의 명사화

1) 어간 + だ → 어간 + **さ** : い형용사처럼 어간에 「さ」를 붙여 명사화시킬 수 있다. '~함, ~임' 정도로 해석한다.

- 親切だ(친절하다) → 親切さ(친절함) 山田さんの魅力は彼の親切さにある。
  야마다씨의 매력은 그의 **친절함**에 있다.
- 静かだ(조용하다) → 静かさ(고요함)
  (혹은. 静けさ)

2) 어간 : 어간만으로 명사가 되는 경우

- 好き嫌い(좋고 싫음, 기호, 편식 등)
- きれい好き(깨끗함을 좋아함, 깔끔 떠는 사람 등)

> 참고 보통 「さ」를 붙여 명사로 만들지만, 「け」의 경우 신체적으로 느껴지는 '기미, 현상' 등을 말할 때 주로 사용되는 경향이 있다.

2 주의해야 할 な형용사

1) 목적어를 취하는 경우 목적격조사(~을/를)로 「が」를 써야 하는 형용사가 있다.

- 私はピアノ[を(×) / が(○)]好きです。 저는 피아노를 좋아합니다.
- 山田さんは辛いもの[を(×) / が(○)]嫌いですか。 야마다 씨는 매운 것을 싫어합니까?
- 彼は日本語[を(×) / が(○)]上手です。 그는 일본어를 잘합니다.
- テニス[を(×) / が(○)]下手なので、もっと練習するつもりです。 테니스를 못해서 좀 더 연습할 생각입니다.

> 참고 목적격 조사로 「が」를 취하는 な형용사는 주로 기호, 능력, 가능의 의미를 나타내는 것들이다.

2) 同じだ

- 어간 + 명사: な형용사 중에서 「同じだ : 같다」는 명사를 수식할 때 어미만을 생략하여 나타낸다.
  - 同じな学校(×) → 同じ学校(○): 같은 학교
  - 同じなかばん(×) → 同じかばん(○): 같은 가방

- 명사수식 이외의 경우 활용은 일반적인 な형용사와 같다.
  - 同じだ + ので → 同じなので
  - 同じだ + のに → 同じなのに
  - 同じだ의 과거형 → 同じだった

練習問題

01 [보기]와 같이 그림에 어울리는 な형용사를 찾아 명사형으로 표현해 보세요.

　　　清潔だ　　親切だ　　大変だ　　簡単だ　　静かだ　　華やかだ
　　　せいけつ　　しんせつ　　たいへん　　かんたん　　しず　　　　はな

[보기] 親切さ

1. _____　2. _____
3. _____　4. _____　5. _____

02 목적격 조사 「を, が」에 주의하면서 괄호 안의 어휘를 이용해 문장을 만들어 보세요.

1　그는 일본어를 못합니다만, 영어는 잘합니다. [彼, 日本語, 下手, 英語, 上手]
　→ _____。

2　당신은 단 것을 싫어합니까? [あなた, 甘いもの, 嫌い]
　→ _____。

3　김 씨는 컴퓨터를 잘하는데다가, 노래도 잘합니다. [キムさん, パソコン, 歌, 上手]
　→ _____。

03 「同じだ」의 활용에 주의하면서 괄호 안의 어휘를 이용해 문장을 만들어 보세요.

1　저와 같은 나이이군요. [私, 同じだ, 年]
　→ _____。

2　같은 것으로 부탁합니다. [同じだ, もの, お願いします]
　→ _____。

3　디자인이 같은데 왜 이쪽이 비싸죠? [デザイン, 同じだ, なのに, どうして, こちら, 高い]
　→ _____。

Chapter 4

동사

알아 봅시다! 동사의 정의 및 성질

Q 동사란 어떤 품사인가요?
A 동사는 활용어, 즉 어간이나 서술격 조사에 변하는 말이 붙어 문장의 성격을 바꿀 수 있는 품사이며, 사람 혹은 동물, 사물의 동작, 존재, 상태, 작용을 나타냅니다.

Q 동사도 어미 활용을 하나요?
A 네, 형용사와 마찬가지로 활용어이므로 어미가 변화하는 품사입니다.

Q 동사의 활용에는 어떤 규칙이 있나요?
A 규칙이 있는 것과 불규칙한 것이 있습니다.
하지만, 불규칙한 것은 두 개의 동사뿐이니까 너무 걱정하지 않아도 됩니다. 규칙이 있는 동사의 활용 방법은 지금부터 이어지는 동사편에서 자세히 알아보도록 할까요?

Unit 13 　存在表現

❶ あります vs. います

일본어에서는 사물의 존재표현과 사람, 동물의 존재표현을 나타내는 동사가「あります」「います」로 각각 다르다.
- エレベーターは右の方にあります。　엘리베이터는 오른쪽에 있습니다. → 사물
- こう見えても子供がいます。　이래 뵈도 아이가 있습니다. → 사람

1) ～に～があります : ～에 ～가 있습니다(식물, 사물의 존재표현)
- 受付は一階にあります。　접수처는 1층에 있습니다.
- この近くに駅があります。　이 근처에 역이 있습니다.
- この先に道があります。　이 앞에 길이 있습니다.

2) ～に～がいます : ～에 ～가 있습니다(사람, 동물의 존재표현)
- 動物園にゾウやラクダやトラなどがいます。　동물원에는 코끼리랑 낙타랑 호랑이 등이 있습니다.
- ハン先生は職員室にいます。　한 선생님은 직원실에 있습니다.
- スーパーの前に小さい女の子と男の子がいます。　슈퍼 앞에 작은 여자아이와 남자아이가 있습니다.
- 世の中には変わった人もいますね。　세상에는 특이한 사람도 있군요.

❷ あります / います의 의문형과 부정형

1) あります / ありますか / ありません : 있습니다 / 있습니까 / 없습니다
- A: 駅のそばにコンビニがありますか。　역 근처에 편의점이 있습니까?
  B: スーパーはありますが、コンビニはありません。　슈퍼는 있습니다만, 편의점은 없습니다.
- A: この箱の中に何かありますか。　이 상자 안에 뭔가 있습니까?
  B: いいえ、何もありません。　아니요, 아무 것도 없습니다.

2) います / いますか / いません : 있습니다 / 있습니까 / 없습니다
- A: お父さんは東京にいますか。　아버지는 도쿄에 있습니까?
  勤め先が大阪にありますから、今、東京にいません。　근무처가 오사카에 있기 때문에, 지금 도쿄에 없습니다.
- A: 部屋の中にだれかいますか。　방안에 누군가 있습니까?
  B: だれもいません。　아무도 없습니다.

❸「ある」의 여러 가지 표현

의미상으로는 여러 가지 용법으로 쓰이지만, 우리말 해석은 같다.
- それぞれの国には固有の文化があります。　각각의 나라에는 고유의 문화가 있습니다. → 갖추고 있다
- 今年は北京でオリンピックがあります。　올해는 북경에서 올림픽이 있습니다. → 행해지다
- 熱が39度もあります。　열이 39도나 됩니다. → 어느 정도가 되다
- 君に幸せあれ。　너에게 행운이 있기를.
- 着信あり　부재중 전화

42　Chapter 4 동사

練習問題

01 빈칸에「あります」「います」중 알맞은 것을 넣어 문장을 완성해 보세요.

1 私のとなりに中村さんが _____ 。
2 私の住んでいる所の近くに有名な美術館が _____ 。
3 ゴミばこはあそこに _____ 。
4 この店にはいいちゃわんがたくさん _____ 。
5 アパートの団地の庭に花が _____ 。
6 家には猫が二匹 _____ 。

02 [보기]와 같이 주어진 문장을 의문문, 부정문으로 만들어 보세요.

> [보기] 妹は大阪の学校にいます。
> → 妹は大阪の学校にいますか 。
> → 妹は大阪の学校にいません 。

1 目の下にほくろがあります。
 → _____ 。
 → _____ 。

2 野球場に選手がいます。
 → _____ 。
 → _____ 。

3 公園のなかに犬がいます。
 → _____ 。
 → _____ 。

03 괄호 안의 어휘를 이용해 우리말 뜻에 알맞은 문장을 만들어 보세요.

1 교실에는 아무도 없습니다. [教室, だれも]
 → _____ 。

2 이 근처에 우체통이 있습니까? [この近く, ポスト]
 → _____ 。

3 엄마와 아빠 사이에 아이가 있습니다. [お母さん, お父さん, 間, 子供]
 → _____ 。

4 냉장고 안에 여러 가지 것들이 있습니다. [冷蔵庫, 中, いろんな物]
 → _____ 。

5 거리에는 벚나무가 잔뜩 있습니다. [町, 桜の木, たくさん]
 → _____ 。

Unit 14 동사의 분류

1 1그룹 동사
る로 끝나지 않는 동사와 る 앞에 あ단, う단, お단이 오는 동사가 1그룹 동사이다.

1) 「る」로 끝나지 않는 동사

会う[あう] 만나다 　　　 行く[いく] 가다 　　　 話す[はなす] 이야기하다
待つ[まつ] 기다리다 　　 死ぬ[しぬ] 죽다 　　　 遊ぶ[あそぶ] 놀다
飲む[のむ] 마시다 　　　 頼む[たのむ] 부탁하다 　 探す[さがす] 찾다

2) 「る」 앞에 오는 히라가나가 あ단, う단, お단인 동사

頑張る[がんばる] 노력하다 → あ단 + る 　　　 送る[おくる] 보내다 → う단 + る
乗る[のる] 타다 → お단 + る

3) 예외 1그룹 동사: 「る」로 끝나며 「る」 앞에 い단 혹은 え단이 오는데 2그룹이 아닌 1그룹에 속하는 동사를 예외 1그룹동사라고 한다.

- 「い단 + る」 : 　知る[しる] 알다 　　 要る[いる] 필요하다 　　 切る[きる] 자르다
　　　　　　　　　走る[はしる] 달리다 　握る[にぎる] 쥐다

- 「え단 + る」 : 　蹴る[ける] 차다 　　 しゃべる 지껄이다 　　 帰る[かえる] 돌아가다
　　　　　　　　　照る[てる] 비치다 　　すべる 미끄러지다

2 2그룹 동사
る앞에 오는 히라가나가 い단, え단인 동사는 2그룹 동사이다.

見る[みる] 보다 → い단 + る 　　　 できる 가능하다 → い단 + る
開ける[あける] 열다 → え단 + る 　　 やめる 그만두다 → え단 + る

3 3그룹 동사
来る, する

1) 3그룹 동사는 오직 「来る: 오다」「する: 하다」 2개 뿐이다.
2) 「する」는 동작성 명사 + する, 외래어 + する의 형태로도 쓰인다.

동작성 명사 + する	외래어 + する
入学(にゅうがく)する(입학하다) 卒業(そつぎょう)する(졸업하다) 旅行(りょこう)する(여행하다) 質問(しつもん)する(질문하다) 遅刻(ちこく)する(지각하다)	マスターする(마스터하다, 통달하다) ジョギングする(조깅하다) アルバイトする(아르바이트하다) キスする(키스하다)

練習問題

01 [보기]를 보고 아래 물음에 답하세요.

[보기]	着る	来る	開ける	する	座る	泳ぐ
	聞く	起きる	読む	買う	招待する	登る
	想像する	待つ	押す	喜ぶ	予約する	比べる

1. 위의 동사 중 1그룹 동사를 쓰세요. _____
2. 위의 동사 중 2그룹 동사를 쓰세요. _____
3. 위의 동사 중 3그룹 동사를 쓰세요. _____

02 반대되는 의미를 가진 단어끼리 연결하세요.

起きる ・　　　　　　　　　　・ 終わる
始める ・　　　　　　　　　　・ 出る
行く　 ・　　　　　　　　　　・ 来る
入る　 ・　　　　　　　　　　・ 寝る
開ける ・　　　　　　　　　　・ 閉める

03 [보기]에서 아래 빈칸에 적당한 단어를 찾아 넣으세요.

[보기]	働く	浴びる	勉強する	買う	飲む	帰る
	寝る	終わる	起きる	行く	食べる	する
	乗る	入る	会う			

1. 山田さんはあさ5時30分に_____。　　　　야마다 씨는 아침 5시 30분에 일어난다.
2. 5時40分から6時まで近くの公園でジョギング_____。　5시 40분부터 6시까지 근처 공원에서 조깅을 한다.
3. うちでシャワーを_____。　　　　집에서 샤워를 한다.
4. 会社へ_____時はバスに_____。　　회사에 갈 때는 버스를 탄다.
5. いつも会社の前でサンドイッチとカフェラッテを_____。　언제나 회사 앞에서 샌드위치와 카페라떼를 산다.
6. 12時まで_____。　　　　12시까지 일한다.
7. 同僚とランチを_____。　　　　동료와 점심을 먹는다.
8. 会社は5時に_____。　　　　회사는 5시에 끝난다.
9. たいていアフターファイブは会社の前で友達に_____。　보통 일과시간 이후에는 회사 앞에서 친구들과 만난다.
10. 近くの飲み屋でお酒を_____。　　근처의 술집에서 술을 마신다.
11. 9時にうちへ_____。　　　　9시에 집에 돌아간다.
12. お風呂に_____。　　　　목욕탕에 들어간다.
13. 11時に_____。　　　　11시에 잔다.

Unit 15 1그룹 동사의 활용

1그룹 동사는 어미가 5단(あ단, い단, う단, え단, お단)으로 활용된다.

❶ ない형   부정을 나타내는 조동사 「ない」가 뒤에 올 때는 동사의 어미를 「あ」단으로 바꾼다.

- 飲む(마시다) → 飲まない(마시지 않는다)
  A: 缶コーヒーは飲まないんですか。 캔커피는 마시지 않습니까?
  B: 嫌いじゃないけど、甘すぎます。 싫어하진 않지만, 너무 달아요.

- 見つかる(발견되다) → 見つからない(발견되지 않는다)
  さっき落とした指輪が見つからないんです。 아까 떨어뜨린 반지를 찾을 수가 없습니다.

> 참고   조동사 「ない」의 어미 활용은 い형용사와 같다.
> ~ない : ~하지 않는다 | ~なくて : ~하지 않아서 | ~ないで : ~하지 않고, ~하지 말고(동사에만 있는 ない 변화형)
> ~なければ : ~하지 않으면 | ~なかった : ~하지 않았다 | ~ないように : ~하지 않도록
> 「ある : 있다」는 ない형이 없다. 즉 '있지 않다, 없다'는 あらない가 아니라 ない가 된다.

❷ ます형   정중을 나타내는 조동사 「ます」가 뒤에 올 때는 동사의 어미를 い단으로 바꾼다.

- 登る(오르다) → 登ります(오릅니다)
  日曜日には山に登ります。いつも忙しい私には最高の運動です。
  일요일에는 산에 올라갑니다. 늘 바쁜 저에게는 최고의 운동입니다.

- 止まる(멈춰서다) → 止まりません(멈춰서지 않습니다)
  この電車は急行ですから、恵比寿駅には止まりません。 이 전차는 급행이기 때문에, 에비스 역에서는 멈춰서지 않습니다.

> 참고   ます는 특수활용을 하는 조동사이다.
> ~ます : ~합니다 | ~ません : ~하지 않습니다 | ~ました : ~했습니다 | ~ませんでした : ~하지 않았습니다
> ~ましょう : ~합시다

❸ 명령형   어미를 え단으로 바꾼다.

- 急ぐ(서두르다) → 急げ(서둘러라)   間に合わないから、急げ！ 늦으니까 서둘러!
- 止まる(멈춰서다) → 止まれ(멈춰라)   止まれ。 멈추시오 (일본 도로 표시)

❹ 의지형   의지, 권유를 나타내는 조동사 「う(1그룹)・よう(2,3그룹)」가 뒤에 올 때는 동사의 어미를 お단으로 바꾼다.

- やり直す(다시 하다) → やり直そう(다시 하자)   一からやり直そう。 처음부터 다시 시작하자.
- 歩く(걷다) → 歩こう(걷자)   歩こう 歩こう 私は元気。歩くの大好き。
  걷자 걷자 나는 건강해. 걷는 것 너무 좋아.
  -'となりのトトロ'의 주제가 중에서

練習問題

01 [보기]와 같이 괄호 안의 어휘를 ない형으로 알맞게 바꾸어 문장을 완성해 보세요.

> [보기] テレビのドラマが好きで、[欠かす] → __欠かさないで__ (빠뜨리지 않고)見る。

1. 一人で [行く] → _____ (가지 않고)、友達を連れて行きました。
2. 1時間 [歩く] → _____ (걷지 않으면)、病院はありません。
3. お金がなくて何も [買う] → _____ (사지 않았다)。

02 [보기]와 같이 괄호 안의 어휘를 ます형으로 알맞게 바꾸어 문장을 완성해 보세요.

> [보기] ゴミは何曜日に [出す] → __出しますか__ (내놓습니까)。

1. ここで撮影は [困る] → _____ (곤란합니다)。
2. いつも三日坊主で [終わる] → _____ (끝났습니다)。
3. 来月からはどこで [働く] → _____ (일합니까)。
4. 明日の見学の時はお弁当は [要らない] → _____ (필요 없습니다)。

03 [보기]와 같이 괄호 안의 어휘를 명령형으로 알맞게 바꾸어 문장을 완성해 보세요.

> [보기] 上手になるまで、歌をたくさん [歌う] → __歌え__ 。

1. 3時までに駅前に [集まる] → _____ 。
2. 10時の飛行機に [乗る] → _____ 。
3. 最近、頑張っていない。もっと [頑張る] → _____ 。

04 [보기]와 같이 괄호 안의 어휘를 의지형(う・よう)으로 알맞게 바꾸어 문장을 완성해 보세요.

> [보기] あと 5 分でバスが来るよ。[急ぐ] → __急ごう__ 。

1. このお皿、あまりきれいじゃないね。きれいに [洗う] → _____ 。
2. 結婚式の時、山田君にピアノを [頼む] → _____ 。
3. 結婚の前に料理教室で料理を [習う] → _____ 。
4. 上を向いて [歩く] → _____ 。
5. すべて忘れて、一杯 [やる] → _____ 。

Unit 16 2그룹 동사의 활용

2그룹 동사는 ない형, ます형, 명령형, 의지형 모두 어미 「る」를 없애고 여러가지 표현을 접속시키는 방식으로 활용된다.

❶ ない형   어미 「る」를 없앤다.

- 歩ける(걸을 수 있다) → 歩けない(걸을 수 없다)
  うちの子は2才なのにまだ歩けない。
  우리 아이는 2살인데도 아직 **걸을 수 없다**.

- 起きる(일어나다) → 起きない(일어나지 않는다)
  休みは月曜日なので日曜日も早く起きなければならない。
  휴일은 월요일이므로, 일요일도 **일찍 일어나야 한다**.

- かける(걸다) → かけない(걸지 않는다)
  食べながら電話をかけないでください。
  먹으면서(동시에) 전화를 **걸지 말아 주세요**.

> 참고_ 문어체로써 「ない」와 같은 의미의 조동사 「ぬ」가 있다.
>   わからぬ = わからない 알 수 없다   わからずに = わからないで 알 수 없고
>   わからず = わからなくて 알 수 없어서   わからねば = わからなければ 알 수 없으면
>   このドラマは悲しいので泣かずに見ることはできません。 이 드라마는 슬퍼서 **울지 않고는** 볼 수 없습니다.

❷ ます형   어미 「る」를 없앤다.

- 食べ慣れる(먹어서 익숙하다)
  → 食べ慣れます(먹어서 익숙합니다)
  韓国に来て、辛い料理は食べ慣れました。
  한국에 와서, 매운 요리는 **익숙해졌습니다**.

- あげる(주다)
  → あげます(줍니다)
  電話がかけられるようにテレフォンカードをあげました。
  전화를 걸 수 있도록 전화카드를 **주었습니다**.

- 調べる(조사하다)
  → 調べます(조사합니다)
  日本語能力試験の前に出題傾向を調べましょうか。
  일본어능력시험 전에 출제경향을 **조사할까요?**

❸ 명령형   어미 「る」를 없애고 「ろ」 혹은 「よ」를 붙인다.

- あきらめる(포기하다) → あきらめろ(포기해라)
  自信がなければあきらめろ。 자신이 없다면 **포기해라**.

- やめる(그만두다) → やめろ(그만둬라)
  いやならやめろ。 싫다면 **그만 둬라**.

❹ 의지형   어미 「る」를 없애고 「よう」를 붙인다.

- 考える(생각하다)
  → 考えよう(생각해야겠다, 생각하자)
  この仕事を天職と考えよう。
  이 일을 천직으로 **생각해야겠다**.

- 忘れる(잊다)
  → 忘れよう(잊자)
  もう別れたから、彼女のことを忘れよう。
  이미 헤어졌으니, 그녀를 **잊자**.

練習問題

01 [보기]와 같이 괄호 안의 어휘를 ない형으로 알맞게 바꾸어 문장을 완성해 보세요.

> [보기] [燃える] → __燃えない__ (타지 않는)ゴミは日曜日です。

1. ホラー映画は [見る] → _____ (보지 않는다)。
2. いつも朝は何も [食べる] → _____ (먹지 않는다)。
3. いくら練習しても [できる] → _____ (할 수 없다)。

02 [보기]와 같이 괄호 안의 어휘를 ます형으로 알맞게 바꾸어 문장을 완성해 보세요.

> [보기] 学校が終わってから、友達と映画を [見る] → __見ました__ (봤습니다)。

1. 朝、7時に学校へ [来る] → _____ (왔습니다)。
2. 1827年にドイツで [生まれる] → _____ (태어났습니다)。この人は誰？
3. 日曜日はどこへも行きませんでした。一日中部屋の中に [いる] → _____ (있었습니다)。

03 [보기]와 같이 괄호 안의 어휘를 명령형으로 알맞게 바꾸어 문장을 완성해 보세요.

> [보기] いやなら [やめる] → __やめろ__ 。

1. 雨が降っているから家に [いる] → _____ 。
2. とにかく始めたらやめないで [続ける] → _____ 。
3. 要らないものは [捨てる] → _____ 。

04 [보기]와 같이 괄호 안의 어휘를 의지형(う・よう)으로 알맞게 바꾸어 문장을 완성해 보세요.

> [보기] もっと考えて [見る] → __見よう__ 。

1. 時間と場所を [決める] → _____ 。
2. 明日からは早く [起きる] → _____ 。
3. ここに車を [止める] → _____ 。

05 괄호 안의 어휘를 이용해 우리말 뜻에 알맞은 문장을 만들어 보세요.

1. 나는 그 책을 가지고 있어서, 빌리지 않는다. [私, その本, 持っているので, 借りる]

   → _____ 。

2. 춥군요. 창문을 닫을까요? [寒い, まど, 閉める]

   → _____ 。

3. 이제 곧 시험이니까, 게임은 그만 해. [もうすぐ, 試験だから, ゲーム, やめる]

   → _____ 。

Unit 17 3그룹 동사의 활용

3그룹 동사는 1, 2그룹 동사와 달리 정해진 어미 활용규칙이 없는 불규칙 동사이다.

1 ない형

1) くる(오다) → こない(오지 않다)
   - どうして来なかったの。 왜 오지 않았어?
   - 買って来なければならないですか。 사 오지 않으면 안 됩니까?
   - 持って来なくてもいいです。 가지고 오지 않아도 좋습니다.

2) する(하다) → しない(하지 않다)
   - 家に帰って宿題をしなければならない。 집에 가서 숙제를 하지 않으면 안 된다.
   - 外見で人を判断しないでください。 겉모습 등으로 사람을 판단하지 마세요.
   - 図書館ではおしゃべりしないようにしてください。 도서관에서는 잡담을 하지 않도록 하십시오.
   - ささいなことにくよくよしないで。 사소한 일로 끙끙거리지 마.

2 ます형

1) くる(오다) → きます(옵니다)
   - 彼はあした日本から来ます。 그는 내일 일본에서 옵니다.

2) する(하다) → します(합니다)
   - お客さんが来るので、急いで部屋を掃除しました。 손님이 오기 때문에, 서둘러서 청소를 했습니다.
   - たいてい週末はどんなことをしますか。 대개 주말에는 어떤 일을 합니까?
   - 音楽を聞きながらのんびりします。 음악을 들으면서 느긋하게 쉽니다.
   - 渋谷行き電車は3番ホームから出発します。 시부야행 전철은 3번 홈에서 출발합니다.
   - 今朝は朝寝坊をしました。 오늘 아침은 늦잠을 잤습니다.

3 명령형

1) くる(오다) → こい(와라)
   - すぐこい。 얼른 와라.

2) する(하다) → しろ, せよ(해라)
   - あと一週間で完成せよ。 앞으로 일주일 만에 완성해라.
   - 自分のことは自分でしろ。 자기 일은 자기가 해라.

4 의지형

1) くる(오다) → こよう(오자)
   - このカフェは雰囲気がいいね。またこよう。 이 카페는 분위기가 좋은데. 또 오자.

2) する(하다) → しよう(하자, 해야겠다)
   - その件は先生に相談しよう。 그 건은 선생님에게 상담하자.
   - 子供が風邪を引いた。朝、幼稚園に電話をしよう。 아이가 감기에 걸렸다. 아침에 유치원에 전화를 해야겠다.

練習問題

01 [보기]와 같이 괄호 안의 어휘를 ない형으로 알맞게 바꾸어 문장을 완성해 보세요.

> [보기] 奨学金をもらったから、アルバイトは [する] → しなくても (안 해도) いい。

1 [遠慮する] → _____ (사양하지 말고) 召し上がってください。
2 学校はできるだけ [欠席する] → _____ (결석하지 않는다)。

02 [보기]와 같이 괄호 안의 어휘를 ます형으로 알맞게 바꾸어 문장을 완성해 보세요.

> [보기] さっそくお送り [する] → します (〜겠습니다)。

1 朝、7時に学校へ [来る] → _____ (왔습니다)。
2 一日どのくらい日本語を [勉強する] → _____ (공부합니까)。

03 [보기]와 같이 괄호 안의 어휘를 명령형으로 알맞게 바꾸어 문장을 완성해 보세요.

> [보기] 珍しいものだ。大事に [する] → しろ 。

1 休まずに [練習する] → _____ 。
2 狭い道だ。運転に [注意する] → _____ 。
3 あわてないで [しっかりする] → _____ 。

04 [보기]와 같이 괄호 안의 어휘를 의지형(う・よう)으로 알맞게 바꾸어 문장을 완성해 보세요.

> [보기] 疲れたから、ちょっと [休憩する] → 休憩しよう 。

1 この喫茶店のコーヒー、おいしいね。また [来る] → _____ 。
2 体と精神を健康に [する] → _____ 。

05 괄호 안의 어휘를 이용해 우리말 뜻에 알맞은 문장을 만들어 보세요.

1 앞으로의 출발을 축하하면서, 건배합시다. [これから, 出発, 祝いながら, 乾杯する]
  → _____ 。

2 한밤중 검은 고양이를 보고 깜짝 놀랐습니다. [真夜中, くろねこ, 見て, びっくりする]
  → _____ 。

Unit 18 동사의 연체형

일본어에서는 동사의 명사 수식형(연체형)이 기본형과 동일하다.

① 기본형 + こと   ~하는 것, 일
- 見る(보다)
- 習う(배우다)
- 勉強する(공부하다)

私の趣味は映画を見ることです。 나의 취미는 영화를 보는 것입니다.
日本語を習うことは面白いです。 일본어를 배우는 것은 재미있습니다.
英語を勉強することと日本語を勉強することとどちらが簡単ですか。
영어를 공부하는 것과 일본어를 공부하는 것 중 어느 쪽이 쉽습니까?

② 기본형 + 時間   ~할 시간
- 食べる(먹다)
- 遊ぶ(놀다)

朝ごはんを食べる時間がありません。 아침을 먹을 시간이 없습니다.
遊ぶ時間がないです。 놀 시간이 없습니다.

③ 기본형 + 時   ~할 때
- 運動する(운동하다)
- 勉強する(공부하다)

運動する時、何を着ますか。 운동할 때, 무엇을 입습니까?
会話を勉強する時、友達と一緒にしますか。 회화 공부할 때, 친구와 함께 합니까?

④ 기본형 + 練習   ~(하)는 연습
- 話す(말하다)
- 書く(쓰다)

話す練習もしましたか。 말하는 연습도 했습니까?
カタカナを書く練習もしましょうか。 가타카나를 쓰는 연습도 할까요?

⑤ 기본형 + 여러 가지 명사
- 時間はありますが、行くところがありません。 시간은 있지만, 갈 곳이 없습니다.
- 室内でするスポーツが好きです。 실내에서 하는 스포츠를 좋아합니다.
- 彼女にあげるプレゼントは、このセーターです。 그녀에게 줄 선물은, 이 스웨터입니다.
- 日本語ができる人はだれですか。 일본어를 할 수 있는 사람은 누구입니까?
- これは化粧品などを入れるポーチです。 이것은 화장품 등을 넣는 파우치입니다.

練習問題

01 다음 동사를 연체형으로 바꾸어 보세요.

1 習います [   ]　2 行きます [   ]　3 書きます [   ]
4 読みます [   ]　5 飲みます [   ]　6 見ます [   ]
7 起きます [   ]　8 できます [   ]　9 食べます [   ]
10 あげます [   ]　11 します [   ]　12 来ます [   ]

02 괄호 안의 표현을 우리말 뜻에 알맞게 바꾸어 문장을 완성해 보세요.

1 일본어를 배울 시간이 없습니다.
　[日本語を習います] …_____時間がありません。

2 내일 갈 곳은 정했습니까?
　[明日行きます] …_____所は決めましたか。

3 다음달에 이사갈 집은 집세가 비쌉니까?
　[来月引っ越します] …_____家は家賃が高いですか。

4 중국어를 할 수 있는 사람을 알고 있습니다.
　[中国語ができます] …_____人を知っています。

03 [보기]에서 아래 빈칸에 적당한 단어를 찾아 넣으세요.

[보기] 人　時間　スーパー　約束　お金　ルール

1 いつも買い物する[   ]は近いですか。　　항상 장을 보는 슈퍼는 가깝습니까?
2 明日来る[   ]は何人ですか。　　내일 오는 사람들은 몇 명입니까?
3 あの子供は遊ぶ[   ]がありません。　　저 아이는 놀 시간이 없습니다.
4 今晩、友達と食事をする[   ]があります。　　오늘밤, 친구들과 식사를 하기로 한 약속이 있습니다.
5 本を買う[   ]がありません。　　책을 살 돈이 없습니다.

04 주어진 단어를 가지고 우리말 뜻에 알맞은 문장을 만들어 보세요.

1 일어나는 시간은 몇 시입니까? [起きます, 時間, 何時ですか]
　…_____。

2 요즘의 아이들은 운동할 장소가 없습니다. [最近の子供, 運動します, 場所, ありません]
　…_____。

3 집에 돌아갈 때는 지하철을 탑니다. [家, 帰ります, 時, 地下鉄, 乗ります]
　…_____。

Unit 19 동사의 て형(1그룹)

'친구를 만나고', '약속을 해서'와 같이 '~고, ~서' 라는 말로 동사를 연결할 때 동사의 뒤에 접속조사 「て」를 붙이는데, 이때 동사의 어미가 변하는 것을 동사의 て형이라고 하며 소리를 편하게 낸다고 해서 음편(音便)현상이라고도 한다. 1그룹 동사의 경우 어미가 い음편, 촉음편, ん음편 등으로 변하게 된다.

① う・つ・る → って

会う[あう] → 会って(만나고, 만나서)　　　持つ[もつ] → 持って(들고, 들어서)
残る[のこる] → 残って(남고, 남아서)

- 高校時代の友達に、町で偶然会ってビックリしました。
  고등학교 때 친구를 길에서 우연히 **만나서** 깜짝 놀랐습니다.
- 日本人はちゃわんを持って食べますが、韓国人はちゃわんを置いて食べますね。
  일본인은 밥그릇을 **들고** 먹지만, 한국인은 밥그릇을 놓고 먹지요.
- 今日は残業があるから、会社に残って仕事をしなければなりません。
  오늘은 잔업이 있기 때문에 회사에 **남아서** 일을 해야 해요.

② ぬ・む・ぶ → んで

死ぬ[しぬ] → 死んで(죽고, 죽어서)　　　読む[よむ] → 読んで(읽고, 읽어서)
遊ぶ[あそぶ] → 遊んで(놀고, 놀아서)

- 夕べの地震で3人が死んで10人がけがをしたそうです。
  어젯밤 지진으로 3명이 **죽고** 10명이 부상을 당했다고 합니다.
- この小説を読んでとても感動しました。　이 소설을 **읽고** 매우 감동을 받았습니다.
- 3時まで遊んで4時からは学校へ行かなければならない。　3시까지 **놀고** 4시부터는 학교에 가야 한다.

③ く・ぐ → いて、いで

働く[はたらく] → 働いて(일하고, 일해서)　　　急ぐ[いそぐ] → 急いで(서두르고, 서둘러서)

- 一生懸命働いて韓国一のお金持ちになりたいです。　열심히 **일해서** 한국 최고의 부자가 되고 싶습니다.
- 時間がないから急いで行きましょう。　시간이 없으니까 **서둘러서** 갑시다.

④ す → して

生かす[いかす] → 生かして(살리고, 살려서)

- 自分の適性を生かして進むことが重要です。　자신의 적성을 **살려서** 나아가는 것이 중요합니다.

> 참고_ 行く는 く로 끝나지만 行って로 활용이 되는 예외동사이다.
> 　　　行く → 行いて(X) / 行って(O)
> 　　　まっすぐ行って左に曲がってください。　곧장 **가서** 왼쪽으로 도세요.

練習問題

01 다음 동사를 て형으로 바꾸어 보세요.

1 ある [　　　]　　2 聞く [　　　]　　3 死ぬ [　　　]
4 買う [　　　]　　5 遊ぶ [　　　]　　6 飲む [　　　]
7 急ぐ [　　　]　　8 行く [　　　]　　9 暮らす [　　　]

02 잘못된 동사의 て형을 바르게 고쳐 보세요.

1 歩く → 歩きて [　　　]　　2 働く → 働って [　　　]
3 会う → 会いて [　　　]　　4 読む → 読んて [　　　]
5 待つ → 待いて [　　　]　　6 帰る → 帰て [　　　]

03 [보기]와 같이 두 개의 문장을 한 문장으로 만들어 보세요.

> [보기] 日本に行く。日本語を習う。　→　日本に行って日本語を習う。

1 バスに乗る。会社に行く。　…▸
2 恋人に会う。デートをする。　…▸
3 7時に起きる。家を出る。　…▸

04 괄호 안의 어휘를 이용해 우리말 뜻에 알맞은 문장을 만들어 보세요.

1 약속이 많이 있어서 바쁩니다. [約束, たくさん, ある, 忙しい]
　…▸

2 집에 가서 쉬고 싶어요. [家, 帰る, 休みたいです]
　…▸

3 쭉 가서 왼쪽으로 도세요. [まっすぐ, 行く, 左, 曲がってください]
　…▸

4 사이좋게 나눠서 먹으세요. [仲良く, 分ける, 食べてください]
　…▸

5 시간이 없어요. 서둘러서 갑시다. [時間, 急ぐ, 行きましょう]
　…▸

동사의 て형(2, 3그룹)

1 2그룹 동사의 て형

2그룹 동사의 경우는 어미「る」를 없애고「て」를 붙이면 된다.

見る[みる] → 見て(보고, 보아서) 　　食べる[たべる] → 食べて(먹고, 먹어서)
寝る[ねる] → 寝て(자고, 자서) 　　起きる[おきる] → 起きて(일어나고, 일어나서)

- 注文した服の実物を見て失望した。
  주문한 옷의 실물을 **보고** 실망했다.

- すごく感動的な映画なので、その映画を見てみんな泣いてしまいました。
  너무나도 감동적인 영화라서, 그 영화를 **보고** 모두 울어 버렸습니다.

- ひとつも残さず食べてしまった。
  한 개도 남기지 않고 **먹어** 버렸다.

- 子供より私の方が早く寝てしまった。
  아이들보다 내 쪽이 더 빨리 **잠들어** 버렸다.

- 昨日、朝遅くまで寝て運転試験に行けませんでした。
  어제는 아침 늦게까지 **자서**, 운전 시험에 가지 못했습니다.

- 何が起きているのかわかりません。
  무슨 일이 **일어나고** 있는 건지 모르겠습니다.

- お見合いがあるから、早く起きて美容室に行かなければなりません。
  맞선이 있기 때문에 빨리 **일어나서** 미용실에 가야 합니다.

2 3그룹 동사의 て형

3그룹 동사는 불규칙적으로 변하므로 암기해야 한다.

来る[くる] → 来て(오고, 와서) 　　する → して(하고, 해서)

- 有名なタレントさんがうちの会社に来てサインをしてくれました。
  유명한 탤런트가 우리 회사에 **와서** 사인을 해 주었습니다.

- 玉ねぎダイエットをして26キロもやせました。
  양파 다이어트를 **해서** 26킬로나 살이 빠졌어요.

- 彼は無理をして病気になりました。
  그 사람은 무리를 **해서** 병이 났습니다.

練習問題

01 다음 동사를 て형으로 바꾸어 보세요.

1 かける　[　　　　　]　　2 借りる　[　　　　　]
3 始める　[　　　　　]　　4 開ける　[　　　　　]
5 片付ける[　　　　　]　　6 着る　　[　　　　　]

02 [보기]와 같이 동사의 て형이 올바른지 확인하고, 잘못되었다면 바르게 고쳐 보세요.

> [보기] 知る → して　（O/×）[しって]

1 歌う → うたって（O/×）[　　　　］　2 死ぬ → しんて　（O/×）[　　　　］
3 書く → かいて　（O/×）[　　　　］　4 立つ → たちて　（O/×）[　　　　］
5 乗る → のんで　（O/×）[　　　　］　6 降る → ふんで　（O/×）[　　　　］
7 聞く → きいて　（O/×）[　　　　］　8 飛ぶ → とんで　（O/×）[　　　　］
9 遊ぶ → あそびて（O/×）[　　　　］　10 笑う → わらって（O/×）[　　　　］
11 入る → はいりて（O/×）[　　　　］　12 急ぐ → いそぎて（O/×）[　　　　］
13 会う → あいて　（O/×）[　　　　］　14 泳ぐ → およいて（O/×）[　　　　］

03 [보기]에서 아래 빈칸에 적당한 단어를 찾아 て형으로 바꾸어 넣으세요.

> [보기] 食べる　　する　　開ける　　借りる

1 お金がなくて友達に[　　　　　]帰ってきました。
2 夜遅くラーメンを[　　　　　]顔がむくみました。
3 ドアを[　　　　　]寝ないでください。
4 一生懸命勉強を[　　　　　]成績が上がりました。

04 다음은 中村 씨의 하루 일과입니다. 괄호 안의 내용을 て형으로 바꾸어 일과를 완성해 보세요.

中村さんは朝8時に[起きる]　　　　　、ケイタイを[充電する]　　　　　、トイレに[行く]　　　　　、顔を[洗う]　　　　　、水を[飲む]　　　　　、テレビを[つける]　　　　　、ご飯を食べる。皿洗いを[する]　　　　　、化粧を[する]　　　　　、服を[着る]　　　　　、かばんを[持つ]　　　　　、電気を[消す]　　　　　、ガスを[とめる]　　　　　、ドアを[閉める]　　　　　、家を出る。バスに[乗る]　　　　　、地下鉄に[乗り換える]　　　　　、学校に[着く]　　　　　、授業を聞く。昼ごはんを[食べる]　　　　　、図書館に[行く]　　　　　、アルバイトを[する]　　　　　、友達とおしゃべりを[する]　　　　　、家に帰ってくる。シャワーを[浴びる]　　　　　、インターネットを[する]　　　　　、両親に電話を[かける]　　　　　、寝る。

* ケイタイ 휴대전화｜充電する 충전하다｜トイレ 화장실｜皿洗い 접시 닦기, 설거지｜化粧 화장｜地下鉄 지하철｜乗り換える 환승하다｜昼ごはん 점심 식사｜図書館 도서관｜アルバイト 아르바이트｜おしゃべり 잡담, 수다｜シャワーを浴びる 샤워를 하다｜インターネット 인터넷｜両親 양친, 부모님

Unit 21 동사의 た형(1그룹)

'책을 샀다', '시험에 붙었다'와 같이 과거를 표현할 때 동사의 뒤에 「た」를 붙이는데, 이것을 동사의 た형 또는 과거형이라고 한다. 앞에서 배운 て형과 만드는 법이 같으며, 역시 동사의 종류에 따라 접속 방식이 달라진다.

❶ う・つ・る → った

買う[かう] → 買った(샀다, 샀던, 산)　　　　待つ[まつ] → 待った(기다렸다, 기다렸던, 기다린)
とる → とった(찍었다, 찍었던, 찍은)

- 去年買ったズボンを探しています。 작년에 **산** 바지를 찾고 있습니다.
- 先週エヴァーランドでとった写真、今日持ってきましたよ。
  지난주, 에버랜드에서 **찍은** 사진, 오늘 가지고 왔어요.

❷ ぬ・む・ぶ → んだ

死ぬ[しぬ] → 死んだ(죽었다, 죽은)　　　　飲む[のむ] → 飲んだ(마셨다, 마신)
遊ぶ[あそぶ] → 遊んだ(놀았다, 놀았던, 논)

- 去年、交通事故で死んだ人の数は8,100人にのぼるそうです。
  작년, 교통사고로 **죽은** 사람 수는 8,100명에 이른다고 합니다.
- 昨日飲んだイタリア産のワイン、思ったより強すぎましたね。
  어제 **마신** 이태리산 와인은 생각했던 것보다 너무 강했었죠.
- 私は夜明けまで遊んだことが一度もありません。 나는 새벽까지 **놀아 본** 적이 한번도 없습니다.

❸ く・ぐ → いた、いだ

咲く[さく] → 咲いた(피었다, 피었던, 핀)　　　　泳ぐ[およぐ] → 泳いだ(수영했다, 수영했던, 수영한)

- まっかなバラが咲いた。 새빨간 장미가 **피었다**.
- 夏休みは南の島で家族と一緒にずっと泳いだ。 여름방학에는 남쪽 섬에서 가족과 함께 계속 **수영했다**.

❹ す → した

交わす[かわす] → 交わした(나누었다, 나누었던, 나눈)
芸能人に会ったことはたくさんありますが、話を交わしたことはありません。
연예인을 만난 적은 많이 있지만, 말을 **나눈** 적은 없어요.

> **참고_** 行く는「く」로 끝나지만「行った」로 활용되는 예외동사이다.
> 　　　　行く → 行いた(X) / 行った(O)
> 　　　　私が東京に行った本当の理由は木村拓也の映画を見るためでした。
> 　　　　내가 도쿄에 **간** 진짜 이유는 기무라 타쿠야의 영화를 보기 위해서였습니다.

練習問題

01 다음 동사를 た형으로 바꾸어 보세요.

1 咲く [   ]   2 からかう [   ]   3 行く [   ]
4 盗む [   ]   5 帰る [   ]   6 消す [   ]
7 死ぬ [   ]   8 飛ぶ [   ]   9 入る [   ]
10 急ぐ [   ]

02 잘못된 동사의 た형을 바르게 고쳐 보세요.

1 乗る → 乗んだ [   ]   2 話す → 話しだ [   ]
3 作る → 作た [   ]   4 会う → 会いた [   ]
5 降る → 降りた [   ]   6 待つ → 待ちた [   ]

03 [보기]와 같이 두 개의 문장을 과거형의 한 문장으로 만들어 보세요.

> [보기] 歩く。学校に行く。 …→ __歩いて学校に行った__ 。

1 友達に会う。話す。 …→ _____。
2 お風呂に入る。ビールを飲む。 …→ _____。
3 薬を飲む。ゆっくり休む。 …→ _____。

04 [보기]와 같이 괄호 안의 어휘를 た형으로 바꾸어 문장을 완성해 보세요.

> [보기] 私もユンさんから [聞く] …→ __聞いた__ 話なのでよく分かりません。

1 これが昨日、コンサートホールで先生と一緒に [とる] …→ _____写真です。
2 彼から [もらう] …→ _____手紙は今でも大事にしています。

05 괄호 안의 어휘를 이용해 우리말 뜻에 알맞은 문장을 만들어 보세요.

1 배가 아파서 빨리 집에 갔다. [お腹が痛い, 早く, 家に帰る]
…→ _____。

2 재료를 사서 집에서 일본 요리를 만들었다. [材料, 買う, 家, 日本料理, 作る]
…→ _____。

3 학교에서 일본어 문법에 대해서 배웠다. [学校, 日本語, 文法, ついて, 習う]
…→ _____。

동사의 た형(2, 3그룹)

① 2그룹 동사의 た형 : る → る + た

2그룹 동사의 경우는 어미 「る」를 없애고 「た」를 붙이면 된다.

見る[みる] → 見た (보았다, 보았던, 본)
食べる[たべる] → 食べた (먹었다, 먹었던, 먹은)
寝る[ねる] → 寝た (잤다, 잤던, 잔)
決める[きめる] → 決めた (결정했다, 결정한)

- 夜遅く彼と二人きりでホラー映画を見た。
  밤늦게 그와 단둘이서 공포 영화를 **보았다**.
- お腹がすいて、一人で三枚肉を3人分も食べた。
  배가 고파서 혼자서 삼겹살을 3인분이나 **먹었다**.
- 日本語を習ってから、日本語はとても難しい言語だと思った。
  일본어를 배우고 나서, 일본어는 매우 어려운 언어라고 **생각했다**.
- 明日こそ打ち明けると決めた。
  내일이야말로 고백할 것이라고 마음 **먹었다**. (-「タンポポ」의 「片思い」중에서)
- 彼は思い切って彼女に電話をかけた。
  그는 과감히 그녀에게 전화를 **걸었다**.
- 三日間ずっと徹夜をして、顔も洗わないまま寝た。
  3일간 계속 철야를 해서 얼굴도 씻지 않은 채 **잤다**.

② 3그룹 동사의 た형

3그룹 동사는 불규칙적으로 변하므로 암기해야 한다.

来る[くる] → きた (왔다, 왔던, 온)
する → した (했다, 했던, 한)

- 今日、最後に来た人はだれですか。 오늘, 마지막으로 **온** 사람 누구예요?
- これからは彼氏とささいなことで喧嘩しないことにした。
  이제부터는 남자친구와 사소한 일로 싸우지 않기로 **했다**.
- 来た来た！ 왔어 왔어!

練習問題

01 다음 동사를 た형으로 바꾸어 보세요.

1. 教える [　　　　] 　2. 着る [　　　　]
3. する [　　　　] 　4. ゆれる [　　　　]
5. 抱きしめる [　　　　] 　6. 比べる [　　　　]
7. すすめる [　　　　] 　8. 答える [　　　　]

02 [보기]와 같이 동사의 た형이 올바른지 확인하고, 잘못되었다면 바르게 고쳐 보세요.

[보기] 救う → すくいった　(O/⊗) [　すくった　]

1. 反らす → そらった　(O/×) [　　　] 　2. 飛ぶ → とんだ　(O/×) [　　　]
3. 入る → はいた　(O/×) [　　　] 　4. みがく → みがきた　(O/×) [　　　]
5. 呼ぶ → よんた　(O/×) [　　　] 　6. 行く → 行った　(O/×) [　　　]
7. 道がこむ → 道がこんた　(O/×) [　　　] 　8. からかう → からかっだ　(O/×) [　　　]
9. 歩く → あるいだ　(O/×) [　　　] 　10. 切る → きた　(O/×) [　　　]
11. 急ぐ → いそきだ　(O/×) [　　　] 　12. 許す → ゆるした　(O/×) [　　　]
13. 来る → きた　(O/×) [　　　] 　14. 余る → あまった　(O/×) [　　　]
15. ならべる → ならべった　(O/×) [　　　] 　16. 探す → さがした　(O/×) [　　　]
17. 受ける → うけた　(O/×) [　　　]

03 다음은 山下 씨의 하루 일과입니다. 괄호 안의 표현을 た형으로 바꾸어 일과를 완성해 보세요.

山下さんは朝6時に[起きる]_____。昨夜、試験の勉強をして遅く[寝る]_____。時間がなくてパンとミルクを飲んで家を[出る]_____。8時に学校に[つく]_____。9時に試験を[うける]_____。試験が終わって友達と一緒におしゃべりをしてバイト先に[行く]_____。お客さんがたくさん[来る]_____。とても[つかれる]_____。バスに乗って家に[帰る]_____。あまりにもつかれてシャワーも浴びないで服を[着る]_____まま[寝る]_____。

* 昨夜 어젯밤, 어제 저녁 | 遅い 늦다 | パン 빵 | ミルク 우유(밀크) | 試験をうける 시험을 치르다 | バイト先 아르바이트 하는 곳, 아르바이트 자리 | お客さん 손님 | つかれる 지치다, 피곤해지다

Unit 23 가능동사 (1)

'~할 수 있다'라는 뜻을 나타내는 가능형 표현에는, 동사의 연체형에 「~ことができる」를 붙이는 방법과 동사를 변화시켜 가능동사로 만드는 방법의 두 가지가 있다.

● **동사의 연체형 + ~ことができる**

1그룹 동사 기본형 例) 探す, 笑う, 待つ		探すことができる 笑うことができる 待つことができる
2그룹 동사 기본형 例) 捨てる, あきらめる, 忘れる	+ ことができる =	捨てることができる あきらめることができる 忘れることができる
3그룹 동사 기본형 例) 来る, する		来ることができる することができる

- 私は世界のどこでも一人で旅行に行くことができます。
  나는 세상 어디라도 혼자서 여행을 **갈 수 있어요**.

- 中国では1万ウォンで何でも買うことができます。
  중국에서는 만원으로 뭐든지 **살 수가 있어요**.

- この電話機を使うとただで国際電話をかけることができますよ。
  이 전화기를 사용하면 공짜로 국제전화를 **걸 수 있습니다**.

- 先生のお陰で、日本でいい思い出をたくさん作ることができました。
  선생님 덕분에 일본에서 좋은 추억을 많이 **만들 수 있었습니다**.

- この乗り物は、5歳以下のお子さんだけ乗ることができます。
  이 기구는 5세 이하의 어린이만 **탈 수 있습니다**.

- あなたは恋人を信じることができますか。
  당신은 애인을 **믿을 수 있습니까**?

- 私の旦那は、私よりきれいに皿洗いをすることができます。
  제 남편은 저보다 깨끗하게 설거지를 **할 수 있습니다**.

- チケットさえあれば、夏休みにカナダに行ってくることができます。
  티켓만 있다면 여름방학에 캐나다에 **갔다 올 수 있습니다**.

練習問題

01 [보기]와 같이 괄호 안의 어휘를 이용해서 우리말 뜻에 알맞은 문장을 만들어 보세요.

> [보기] 좋아하는 사람에게 고백할 수 있습니까? [好きな人, 告白する]
> → 好きな人に告白することができますか。

1. 번화가에서 애인을 업을 수 있습니까? [繁華街, 恋人, おんぶする]
   → _____。

2. 일본인에게 서울을 안내할 수 있습니까? [日本人, ソウル, 案内する]
   → _____。

3. 친구에게 100만원을 빌려줄 수 있습니까? [友達, 100万ウォン, 貸す]
   → _____。

4. 100미터를 18초에 달릴 수 있습니까? [100メートル, 18秒で, 走る]
   → _____。

5. 빨대로 소주를 마실 수 있습니까? [ストロー, 焼酎, 飲む]
   → _____。

6. 뜨거운 라면을 3분만에 먹을 수 있습니까? [熱いラーメン, 3分で, 食べる]
   → _____。

7. 숨을 쉬지 않고 2분 동안 있을 수 있습니까? [息をしないで, 2分間, いる]
   → _____。

8. 번지점프를 할 수 있습니까? [バンジージャンプ, する]
   → _____。

9. 부모님이 반대하는 사람과 결혼할 수 있습니까? [両親, 反対する人, 結婚する]
   → _____。

10. 보신탕을 먹을 수 있습니까? [ボシンタン, 食べる]
    → _____。

02 [보기]와 같이 「~ことができる」를 이용해 우리말 뜻에 알맞은 문장을 완성해 보세요.

> [보기] 私は怖い映画を[見る] → 見ることができません (보지 못합니다)。

1. お酒は飲みたいんですが、[飲む] → _____ (마시지 못합니다)。
2. 日本語は好きですが、[話す] → _____ (말하지 못합니다)。
3. 犬は好きですが、ボシンタンは [食べる] → _____ (먹지 못합니다)。
4. 日本語で電話を [かける] → _____ (걸 수 있습니까)。

Unit 24 가능동사 (2)

앞서 배운 가능형은 동사의 종류에 상관없이 기본형에 「～ことができる」를 붙이는 것이었지만, 동사를 가능동사로 만드는 가능형은 각 그룹별로 만드는 방법이 틀리다.

❶ 1그룹 동사의 가능형   う단을 え단으로 바꾸고 「る」를 붙인다.

読む → 読める   話す → 話せる   書く → 書ける
呼ぶ → 呼べる   笑う → 笑える   待つ → 待てる

- 学生証さえあればだれでも行けます。 학생증만 있다면 누구라도 갈 수 있습니다.
- あなたに会いたくて、会えなくて眠れぬ夜は。 당신을 만나고 싶어서, 만날 수 없어 잠 못 드는 밤은
  －「松田聖子」의 노래 「あなたに会いたくて」 중 －

❷ 2그룹 동사의 가능형   「る」를 빼고 「られる」를 넣는다.

教える → 教えられる   信じる → 信じられる   受ける → 受けられる
感じる → 感じられる   寝る → 寝られる   食べる → 食べられる

- どうしてもタバコがやめられません。 도저히 담배를 끊을 수가 없어요.
- 彼が合格したって？ へぇ～ 信じられない！ 그 사람이 합격했다고? 에~ 못 믿겠어!
- お腹の調子が悪くて何も食べられません。 뱃속의 상태가 안 좋아서 아무것도 먹을 수가 없어요.

> **참고** ら 탈락현상: 2그룹 동사의 가능형 「～られる」에서 「ら」를 빼고 「れる」로 줄여 쓰는 경우가 있는데, 이를 ら 탈락현상이라고 한다. 회화체에서 많이 볼 수 있다.
>
> お腹がすいているので何でも食べられます。 → お腹がすいているので何でも食べれます。
> 信じられないニュースですね。 → 信じれないニュースですね。

❸ 3그룹 동사의 가능형   불규칙이므로 암기한다.

来る → 来られる   する → できる

- 日本の人と文通したいんですが、日本語ができなくてもいいんですか。
  일본 사람이랑 펜팔을 하고 싶은데, 일본어를 못 해도 상관없나요?
- 明日、3時までにここに来られますか。 내일 3시까지 올 수 있어요?
- 私も結婚ができるんでしょうか。 저도 결혼을 할 수 있을까요?

> **참고** 가능동사 앞에 목적격 조사가 올 때는 「を」를 쓰지 않고 「が」를 쓴다.
>
> お酒を飲めますか。(X) / お酒が飲めますか。(O)
> 上手じゃないですが日本語が少し話せます。 잘은 못하지만 일본어를 조금 할 수 있어요.
>
> 동사의 기본형에 「～ことができる」를 붙여 만드는 가능형의 경우에는 원래대로 목적격 조사 「を」를 쓴다.
>
> 彼はフランスで生まれたからフランス語が話せます。 그는 프랑스에서 태어났기 때문에 불어를 할 수 있어요
> ＝ 彼はフランスで生まれたからフランス語を話すことができます。

練習問題

01 다음 동사를 가능동사로 바꾸어 보세요.

1 探す   [   ]   2 来る   [   ]   3 入る   [   ]
4 帰る   [   ]   5 待つ   [   ]   6 遊ぶ   [   ]
7 結婚する [   ]   8 感じる [   ]   9 教える [   ]
10 かける [   ]

02 [보기]와 같이 가능동사를 이용해 동일한 의미의 문장을 만들어 보세요.

> [보기] カタカナを書くことができます。 → <u>カタカナが書けます</u>。

1 フランス語を教えることができます。 → _____。
2 タバコをやめることができます。 → _____。
3 焼酎を飲むことができます。 → _____。

03 [보기]에서 빈칸에 알맞은 단어를 찾아 가능형으로 바꿔 넣으세요.

> [보기] 買う   書く   飲む

1 ビールが3本以上_____(마실 수 있다)。
2 ひらがなは_____(쓸 수 있다)が、カタカナは_____(쓸 수 없다)。
3 あまりにも高くて_____(살 수 없다)。

04 [보기]와 같이 괄호 안의 어휘를 이용해 문장을 완성해 보세요.

> [보기] 来週からは時間があるから私も [運動する] → <u>運動できます</u>(운동할 수 있습니다)。

1 母には [うそ, つかない] → _____(거짓말을 할 수 없습니다)。
2 日本のドラマを見て少しは [聞き取る] → _____(알아들을 수 있습니다)。
3 今まで頑張ってきたから [諦めない] → _____(포기할 수 없습니다)。

05 괄호 안의 어휘를 이용해 우리말 뜻에 알맞은 문장을 만들어 보세요.

1 배 상태가 안 좋아서 아무것도 먹을 수가 없습니다. [お腹の具合が悪い, 何も, 食べる]
→ _____。

2 저는 사람들 앞에서 노래를 못 부릅니다. [人の前, 歌, 歌う]
→ _____。

3 저는 김 선생님을 잊을 수가 없습니다. [キム先生のこと, 忘れる]
→ _____。

Unit 25 수수동사 (1)

① 나 또는 남이 남에게 줄 때: あげる, やる, さしあげる

1) **あげる**: 가장 일반적인 의미의 '주다'로, 내가 남에게 줄 때, 제3자가 제3자에게 줄 때 쓰인다.
   - (私は)警備員さんに冷たいジュースをあげました。
     (나는) 경비 아저씨에게 차가운 쥬스를 **주었습니다**. (나 → 남)
   - 佐藤さんが中村さんにミュージカルチケットをあげました。
     사토 씨가 나카무라 씨에게 뮤지컬 티켓을 **주었습니다**. (남 → 남)

2) **やる**: 내가 주는 대상이 동물과 식물일 경우, 그리고 나보다 아랫사람이거나 격의없는 친한 사람일 경우에도 やる를 쓴다.
   - 初めて給料をもらって妹と弟にお小遣いをやりました。
     처음으로 급료를 받아서 여동생과 남동생에게 용돈을 **주었습니다**.

3) **さしあげる**: 나보다 윗사람에게는 「あげる」의 존경표현인 「さしあげる」를 써야 한다.
   - 山本先生の引退記念に商品券をさしあげた。 야마모토 선생님의 은퇴 기념으로 상품권을 **드렸다**.

② 남이 나에게 줄 때: くれる, くださる

1) **くれる**: 남이 나에게 줄 때 쓰는 표현으로 이때 '나'는 나와 관련된 내 쪽의 사람도 모두 포함하는 개념이라는 것에 주의하자.
   - 彼氏が(私に)とても高いかばんをくれたけど、それは偽物だった。(남자친구 → 나)
     남자친구가 (나에게) 매우 비싼 가방을 **주었는**데, 그것은 가짜였다.
   - キムさんが(私の)弟に高級ワインをくれました。
     김 씨가 (나의) 남동생에게 고급 와인을 **주었습니다**. (남 → 내 남동생)

2) **くださる**: 윗사람이 주는 경우에는 「くれる」의 존경표현인 「くださる」를 써야 한다.
   - 課長が(私の)誕生日にデパートの商品券をくださいました。
     과장님이 (나의) 생일에 백화점 상품권을 **주셨습니다**.

③ 받을 때: もらう, いただく

1) **もらう**
   - 祖母にお年玉をもらいました。 할머니에게 세뱃돈을 **받았습니다**.
   - 白雪姫は魔女からおいしそうなりんごをもらって「ありがとう」と言った。
     백설공주는 마녀로부터 맛있어 보이는 사과를 **받고** "고마워요"라고 말했다.

2) **いただく**: 윗사람에게서 받았을 때는 상대를 높이고 나를 낮추는 겸양어로서 「いただく」를 쓴다.
   - 指導教授に日本の大学への推薦状をいただきました。 지도교수님에게서 일본 대학의 추천장을 **받았습니다**.

> 참고 あげる, もらう 둘 다 조사로 「に」가 쓰이지만 あげる의 「に」는 영어 전치사 to(~에게)에 해당하고, もらう의 「に」는 영어 전치사 from(~로부터)에 해당하므로, 서로 뉘앙스가 다르다.

練習問題

01 괄호 안에서 어법상 올바른 조사를 고르세요.

1 鈴木さんが私 [に / から] 本をくれました。

2 私はキムさん [へ / に] 人形をもらいました。

3 山田さんはパクさん [に / から] 花をあげました。

02 [보기]와 같이 괄호 안의 어휘를 이용해 질문에 알맞게 답해 보세요.

> [보기] あなたは弟の誕生日にどんなプレゼントをあげますか。[お小遣い]
> → 私は弟の誕生日にお小遣いをあげます。

1 親友の誕生日にはどんなプレゼントをあげますか。[指輪]
→ _____。

2 100日のお祝いで、恋人に何をあげましたか。[花束]
→ _____。

3 今までもらったプレゼントの中で一番嬉しかったのは何ですか。[最新型のスポーツ・カー]
→ _____。

4 最近、もらいたいものは何ですか。[かわいい小犬]
→ _____。

03 괄호 안의 어휘를 이용해 우리말 뜻에 알맞은 문장을 만들어 보세요.

1 발렌타인데이에 국어 선생님께 초콜릿을 드렸습니다. [バレンタインデー, 国語の先生, チョコ]
→ _____。

2 그녀는 나에게 항상 꿈과 용기를 줍니다. [いつも, 夢, 勇気]
→ _____。

3 성인의 날, 남자친구에게서 장미꽃과 향수를 받았습니다. [成人の日, 彼氏, ばらの花, 香水]
→ _____。

4 언니가 강아지에게 먹이를 주었습니다. [姉, 子犬, 餌]
→ _____。

5 선생님에게서 상장을 받았습니다. [先生, 賞状]
→ _____。

Unit 26 수수동사 (2)

1 ~てあげる   ~해 주다(나 → 남)

- 母が手をけがしたので、料理の準備を手伝ってあげました。
  엄마가 손을 다쳐서, 요리 준비를 **도와 주었습니다**.
- 恋人の誕生日にケーキを作ってあげた。
  애인의 생일에 케이크를 **만들어 주었다**.
- 先生は学生にクリスマスカードを書いてあげました。
  선생님은 학생에게 크리스마스 카드를 **써 주었습니다**.
- あなたは家族に何を買ってあげましたか。
  당신은 가족에게 무엇을 **사 주었습니까**?

2 ~てくれる   ~해 주다(남 → 나)

- 家族はどんなことがあってもいつも私を信じてくれる。
  가족은 어떤 일이 있어도 항상 나를 **믿어 준다**.
- 子供のころ、父は(私に)昔話の本を読んでくれました。
  어린 시절, 아빠는 (나에게) 옛날 이야기 책을 **읽어 주었습니다**.
- 友達が素敵な男性を紹介してくれた。
  친구가 멋진 남성을 **소개해 주었다**.
- 前からほしかったカバンを、姉が買ってくれた。
  전부터 가지고 싶던 가방을 언니가 **사 주었다**.

3 ~てもらう   ~해 주다(~해 받다)

상대로부터 어떤 동작이나 행위를 받을 때, 즉 상대가 나에게 무언가를 해 줄 때 일본어에서는 「~に~てもらう」를 잘 쓴다. 직역하면 '~에게 ~해 받다'의 의미가 되는데, 우리말로는 어색한 표현이므로 익숙하지 않아 많이 틀리기 쉽다. 「~てくれる」처럼 상대방이 나에게 해 주었다는 뜻이지만, 자신이 희망하거나 바란 것을 상대가 해 주었을 경우에도 「~てもらう」를 많이 쓴다. 우리말 해석은 '~가 나에게 ~해 주다'로 하는 것이 자연스럽다.

- 母に部屋の掃除をしてもらいました。 엄마가 방 청소를 **해 주었습니다**.
- 道に迷ったとき、親切なおばさんに道を案内してもらった。
  길을 헤맬 때, 친절한 아줌마가 길을 **안내해 주었다**.
- 姉に高級レストランへ連れて行ってもらいました。
  언니가 고급 레스토랑에 데리고 **가 주었습니다**.
- 先生に知らない部分を教えてもらいました。
  선생님이 모르는 부분을 **가르쳐 주었습니다**.

練習問題

01 [보기]와 같이「~てもらう」를 이용해서 동일한 의미가 되도록 문장을 완성해 보세요.

> [보기] 鈴木さんが私のためにカラオケで歌を歌ってくれました。
> → 私は鈴木さんにカラオケで歌を歌ってもらいました。

1 パクさんが日本から手紙を送ってくれました。
   → _____。

2 恋人はいつも私のバス代を払ってくれます。
   → _____。

02 [보기]와 같이「~てくれる」를 이용해서 동일한 의미가 되도록 문장을 완성해 보세요.

> [보기] 先生に知らない部分を教えてもらいました。
> → 先生は私に知らない部分を教えてくれました。

1 彼にキムさんの手紙を読んでもらいました。
   → _____。

2 中村さんに例のプロジェクトについて説明してもらいました。
   → _____。

3 みんなに就職のお祝いをしてもらいました。
   → _____。

03 괄호 안에서 어법상 올바른 표현을 고르세요.

昨日は私の誕生日だった。でもだれも誕生日のお祝いをして [あげなかった / くれなかった]。私もあまり周りの人にお祝いをして [あげない / くれない] から、期待しなかったけど、ちょっぴり寂しかった。ところで、今朝、会社に着いたら日本で経済の勉強をしている山田さんからのプレゼントが届いていた。本当にビックリした。山田さんは大学時代に語学研修に行った時、日本人の先生に紹介して [くれた / もらった] 人だ。私の誕生日を忘れずに覚えていてくれただけでも嬉しいのに、プレゼントも送って [もらって / くれて]… 私も今度、彼の誕生日に何か送って [あげたい / もらいたい]。彼は韓国の歌が好きだから人気曲のCDを送って [くれたら / あげたら]、きっと喜んで聞いて [くれる / あげる] だろう。そして、これからは周りの人に気を使う人になろうと思った。

* お祝い 축하 | 周りの人 주변사람 | 期待 기대 | ちょっぴり 조금 | 寂しい 서운하다 | ところで 그런데 | 今朝 오늘 아침 | 着く 도착하다 | 経済 경제 | 勉強 공부 | 届く 배달되다 | ビックリする 깜짝 놀라다 | 大学時代 대학시절 | 語学研修 어학연수 | 紹介 소개 | 忘れる 잊다 | 覚える 외우다 | 嬉しい 기쁘다 | 送る 보내다 | 今度 이번 | 人気曲 인기곡 | きっと 분명히 | 喜んで 기쁘게 | 聞く 듣다 | だろう ~겠지 | そして 그리고 | これから 앞으로 | 気を使う 신경 쓰다

Unit 27 동사의 조건형 (1)

① ～ば
동사의 종류에 관계 없이 동사의 어미를 う단에서 え단으로 바꾸고「ば」를 연결한다.

1그룹	聞く[きく] → 聞けば	飲む[のむ] → 飲めば
2그룹	食べる[たべる] → 食べれば	見る[みる] → 見れば
3그룹	来る[くる] → 来れば	する → すれば

1) 조건형의 네 가지 형태 중 가장 일반적이고 무난하게 쓸 수 있는 표현이다.
2) 기본적인 의미는 'A면 B이다'이지만, '만일 A가 아니면 B도 아니다'라는 의미가 내포되어 있다.
   - あなたが**行けば**、私も行きます。　당신이 **간다면** 저도 가겠어요. → 당신이 안 가면 나도 가지 않겠다
   - 試験に**受かれば**、買ってあげるよ。　시험에 **붙으면** 사 줄께. → 시험에 떨어지면 사 주지 않겠다
3) 속담이나 관용구에 자주 쓰여, **논리적이고 필연적인 결과**를 설명한다.
   - ちりも**積もれば**山となる。　티끌도 **모으면** 태산이다.
   - 鯛も一人で**食べれば**うまくない。　도미도 혼자 **먹으면** 맛없다.
4) 흔히 있는 사실이나 반복적이고 습관적인 행동을 설명할 때 사용되기도 한다.
   - 一生懸命**練習すれば**、できますよ。　열심히 **연습하면** 할 수 있어요.
   - それを**見れば**、思い出される。　그것을 **보면** 생각이 난다.
   - 山と**言えば**川。　산이라 **말하면** 강이라 한다. (꼭 뭐든지 반대로 하는 사람을 빗대어 말하는 일본 속담)
5) 어떤 말이나 이야기, 판단 등을 결론짓기 위한 **전제 조건**으로서의 용법이 있다.
   - 彼女と**言えば**、韓国で一番の俳優だ。　그녀로 **말할 것 같으면**, 한국 제일의 배우다.

② ～たら
동사의 て형에 연결한다.

1그룹	聞く[きく] → 聞いて → 聞いたら	飲む[のむ] → 飲んで → 飲んだら
2그룹	食べる[たべる] → 食べて → 食べたら	見る[みる] → 見て → 見たら
3그룹	来る[くる] → 来て → 来たら	する → して → したら

1) **단순한 가정**이나 **비현실적인 가정**에 자주 쓰인다.
   - もしこの飛行機が**落ちたら**どうしよう。　만일 이 비행기가 **떨어지면** 어쩌지.
   - 羽が**あったら**、飛んで行きたいなあ。　날개가 **있다면** 날아가고 싶네.
2) 「AたらBだ」, 즉 'A가 행해진 후에 비로소 B의 상황이 일어난다'는 의미가 강하다. 「～た後で: ～한 후에」의 의미와 비슷하다.
   - 3時に**なったら**、出発しましょう。　3시가 **되면** 출발합시다.
   - 空港に**着いたら**、電話してください。　공항에 **도착하면** 전화해 주세요.
3) 뒷문장에 의지, 희망, 명령, 부탁 등의 내용이 자유롭게 따라올 수 있다.
   - 先生に**会ったら**、よろしく伝えてください。　선생님을 **만나거든** 안부 전해 주세요.
   - お金が**あったら**、あげたいですが。　돈이 **있다면** 드리고 싶습니다만.

練習問題

01 다음 동사를 「ば」형으로 바꾸어 보세요.

1 する [　　　　] 　 2 来る [　　　　] 　 3 見る [　　　　]

4 飲む [　　　　] 　 5 遊ぶ [　　　　] 　 6 聞く [　　　　]

7 待つ [　　　　]

02 다음 동사를 「たら」형으로 바꾸어 보세요.

1 する [　　　　] 　 2 来る [　　　　] 　 3 考える [　　　　]

4 遅れる [　　　　] 　 5 乗る [　　　　] 　 6 会う [　　　　]

7 読む [　　　　] 　 8 行く [　　　　]

03 [보기]와 같이 괄호 안의 어휘를 이용해 문장을 완성해 보세요.

> [보기] いい人が [いる + たら] … <u>いたら</u>、イ先生に紹介して(あげて)ください。

1 今、[行く + ば] … _____、会えますよ。

2 頑張って練習 [する + ば] … _____、勝てます。

3 透明人間に [なる + たら] … _____、どんな事がしたいですか。

04 괄호 안의 어휘를 이용해 우리말 뜻에 알맞은 문장을 만들어 보세요.

1 시험에 합격하면 채용하도록 하겠습니다. [します, 受かる, 採用, 試験に]

　…▶ _____。

2 선생님을 만나면 안부 전해 주세요. [会う, 先生, よろしく, 伝えてください]

　…▶ _____。

3 당신이 먹는다면, 저도 먹어 보겠어요. [あなた, 食べる, 私も]

　…▶ _____。

Unit 28 동사의 조건형 (2)

1 ～と   동사 기본형 + と

1그룹	聞く → 聞くと	飲む → 飲むと
2그룹	食べる → 食べると	見る → 見ると
3그룹	来る → 来ると	する → すると

1) 'A면 B이다'에서 A와 B의 관계가 필연적이거나 반드시 그래야만 하는 경우, 즉 진리, 자연 법칙, 법규정, 꼭 지켜져야 하는 약속 등의 문장에 주로 쓰인다. 그러므로 불확실하고 불투명한 경우인 추측, 바람 등의 문장에는 쓰이지 않는다.
   - 春になると暖かくなりますね。 봄이 **되면** 따뜻해지죠.
   - このボタンを押すとドアが開きます。
     이 버튼을 **누르면** 문이 열립니다. → 고장이 아닌 이상 버튼을 누르면 반드시 문이 열림

2) '～면 (꼭 반드시)…게 된다'라는 뜻으로 습관적이고 규칙적인 표현에 쓰인다.
   - 私は本を読むといつも眠くなる。 난 책만 **읽으면** 언제나 졸려진다.
   - 彼はお酒を飲むと泣く。 그는 술만 **마시면** 운다.

3) 바로 직후에 일어난 일을 설명한다.
   - 家に帰って来ると、急に電話がなった。 집에 **돌아오자** 갑자기 전화벨이 울렸다.
   - 部長は私を見ると、いきなり怒り出した。 부장은 나를 **보자마자** 갑자기 화를 냈다.

2 ～なら   동사 기본형 + なら

1그룹	聞く → 聞くなら	飲む → 飲むなら
2그룹	食べる → 食べるなら	見る → 見るなら
3그룹	来る → 来るなら	する → するなら

1) 어떠한 정보를 기초로 'A에 한한 조건이라면 B라고 판단, 평가된다'라는 뜻을 표현하며, 권유나 조언을 할 때 자주 쓰인다.
   - 新婚旅行に行くなら、ハワイがいいですよ。 신혼여행을 **갈 거라면**, 하와이가 좋아요.
   - 温泉に行くなら、冬に行ったほうがいいですよ。 온천에 **갈 거라면**, 겨울에 가는 편이 좋아요.

2) 「なら」가 나머지 세 표현과 조금 다른 점은, 'A면 B이다'라는 인과 관계를 의미할 때 '굳이 A가 아니어도 상관없다'라는 뉘앙스를 지니기도 한다는 점이다.
   - 日本に行くなら電話してみてね。 일본에 **갈 거라면** 전화해 봐. → 일본에 가는 것이 확실하지 않음
   - 空港に行ったら電話してみてね。 공항에 **가면** 전화해 봐. → 공항에 갈 것이 확실함

3) 특히 조건을 강조하거나 전후관계를 대비해서 말하는 경우가 있다.
   - 彼と一緒に来るなら、来ないでください。 그와 함께 **올 거면** 오지 마세요.

練習問題

01 [보기]에서 아래 빈칸에 적당한 단어를 찾아 조건형으로 바꿔 넣으세요.

[보기] ある	なる	降る	行く

1 二十歳に_____と、法律的に成人になります。　　스무살이 되면 법률적으로 성인이 됩니다.
2 新婚旅行に_____なら、ハワイがいいですよ。　　신혼여행을 갈 거라면 하와이가 좋아요.
3 羽が_____たら、飛んで行きたいですね。　　날개가 있다면 날아가고 싶어요.
4 雨が_____ば、行かないつもりです。　　비가 오면 가지 않을 생각이예요.

02 괄호 안의 어휘를 이용해 우리말 뜻에 알맞은 문장을 만들어 보세요.

1 외국어를 공부할 거라면 일본어가 좋겠지요. [外国語, 勉強する, 日本語, いいでしょう, なら]
　→ _____。

2 1에 2를 더하면 3이 됩니다. [足す, なる, と]
　→ _____。

3 당신이 먹는다면, 저도 먹어 보겠어요. [あなた, 食べる, 私, ば]
　→ _____。

4 회사에 도착하면, 서류를 보내겠습니다. [会社, 着く, 書類, 送る, たら]
　→ _____。

5 서류를 보낼 거라면 이메일 편이 좋겠네요. [書類, 送る, イーメール, 方, いいですね, なら]
　→ _____。

03 [보기]와 같이 괄호 안의 어휘를 이용해 문장을 완성해 보세요.

[보기] 5に2を[足す + と] → 　足すと　 、7になる。

1 行って[見る + と] → _____、すぐわかるよ。
2 そう[言う + と] → _____、先生に叱られるよ。
3 お酒を[飲む + なら] → _____、ビールにしよう。

Unit 29 자동사와 타동사의 구별

① 자동사   목적어가 없어도 스스로 자립할 수 있는 동사. 동사 앞에 조사 「が」가 오면 자동사임을 기억해 두자.

- 先生、質問があります。 선생님, 질문이 있습니다.
- 一日中雨が降りました。 하루종일 비가 왔어요.
- うちにはワンちゃんが3匹います。 우리 집에는 강아지가 3마리 있습니다.

② 타동사   목적어를 필요로 하는 동사. 동사 앞에 조사 「を」가 오면 타동사임을 기억해 두자.

- 一緒にラーメンを食べませんか。 같이 라면 안 먹을래요?
- 昨日、ニュースを見ましたか。 어제 뉴스 봤어요?
- 友達と一緒にアクセサリーを買いました。 친구랑 같이 액세서리를 샀어요.

③ 자동사와 타동사를 쉽게 구별하는 공식

1) 자동사 앞에는 조사 「が」가, 타동사 앞에는 조사 「を」가 온다.
   - 赤色がはやっている。 빨강색이 유행하고 있다. / 赤色を選ぶ。 빨강색을 고르다.

2) 자동사는 동사 う단 앞이 **あ단**, 타동사는 う단 앞이 **え단**인 경우가 많이 있다.
   - 자동사: かかる(걸리다), 開く(열리다), 閉まる(닫히다), 止まる(서다)
   - 타동사: かける(걸다), 開ける(열다), 閉める(닫다), 止める(세우다)

   단, 예외가 있다는 것에도 주의하자.
   - 자동사: 売れる(팔리다), 聞こえる(들리다), 見える(보이다), 消える(지워지다)
   - 타동사: 売る(팔다), 聞く(듣다), 見る(보다), 消す(지우다)

3) 어미가 す로 끝나는 동사는 타동사인 경우가 비교적 많다.

話す(말하다)	生かす(살리다)	減らす(줄이다)	消す(지우다)
落とす(떨어뜨리다)	起こす(일으키다)	冷やす(식히다)	出す(꺼내다)

세트를 이루고 있는 자동사와 타동사

자동사	–	타동사	자동사	–	타동사
集まる(모이다)	–	集める(모으다)	入る(들어가다)	–	入れる(넣다)
上がる(오르다)	–	上げる(올리다)	出る(나오다)	–	出す(꺼내다)
並ぶ(나란히 서다)	–	並べる(나란히 놓다)	減る(줄다)	–	減らす(줄이다)
かかる(걸리다)	–	かける(걸다)	売れる(팔리다)	–	売る(팔다)
決まる(정해지다)	–	決める(정하다)	割れる(깨지다)	–	割る(깨다)
開く(열리다)	–	開ける(열다)	始まる(시작되다)	–	始める(시작하다)
閉まる(닫히다)	–	閉める(닫다)	終わる(끝나다)	–	終える(끝내다)
付く(켜지다)	–	付ける(켜다)	止まる(멈추다)	–	止める(세우다)
落ちる(떨어지다)	–	落とす(떨어트리다)	直る(고쳐지다)	–	直す(고치다)
消える(꺼지다)	–	消す(끄다)	広がる(넓어지다)	–	広げる(넓히다)

練習問題

01 아래 동사를 자동사와 타동사로 구분해 주어진 박스 안에 넣고, 뜻을 써 보세요.

> 見る, 置く, あげる, 集まる, 起こす, 聞こえる, 開く, 汚す, ある, 買う, 起きる, 泣く, 死ぬ, 聞く, する, 始める, 出る, 落ちる, 歌う, もらう, 選ぶ, 消す, つく, 知る, 切る, 入る, 止める, 行く, 読む, 踊る, 来る

자동사	타동사
来る(오다),	する(하다),

02 [보기]와 같이 그림을 보고 빈칸에 알맞은 조사를 넣어 보세요.

[보기] 赤ちゃん[が]泣いています。

2　なみだ[　　]出ます。

1　コーヒー[　　]こぼしました。

3　プレゼント[　　]もらいました。

03 괄호 안의 어휘를 이용해 우리말 뜻에 맞은 문장을 만들어 보세요.

1　내일, 맞선을 봅니다. [明日, お見合い, する]
　…▶ _____。

2　제 취미는 우표를 모으는 것입니다. [趣味, 切手, 集める, こと]
　…▶ _____。

3　7시부터 수업이 시작됩니다. [7時, 授業, 始まる]
　…▶ _____。

4　친구에게 술을 한턱 냈습니다. [友達, お酒, おごる]
　…▶ _____。

5　저는 애인이 없습니다. [恋人, いません]
　…▶ _____。

Unit 30 자동사와 타동사의 진행, 상태

자동사의 상태는 자연적으로 원래부터 되어 있는 상태를 뜻하고, 타동사의 상태는 '더워서 문을 열었고, 그래서 열려 있다'와 같이 목적을 가지고 행한 결과를 뜻한다. 동작의 진행을 나타낼 때는 자동사, 타동사 모두 「～ている」를 접속시킨다.

1 자동사의 진행　　자동사 + ている : ～(하)고 있다

- 最近、ミニスカートがはやっています。　요즘 미니스커트가 유행하고 있어요.
- 車が時速150キロで走っています。　자동차가 시속 150킬로로 달리고 있어요.
- すみません、今向かっています。　죄송합니다. 지금 가고 있어요.
- 女子高校生が公園ではしゃいでいます。　여고생이 공원에서 떠들어대고 있습니다.

자동사의 상태　　자동사 + ている : ～해 있다, ～해져 있다

- 6月なのにさくらが咲いていますね。　6월인데 벚꽃이 피어 있네요.
- バスの中に財布が落ちていますけど、どうしましょうか。　버스 안에 지갑이 떨어져 있습니다만, 어떡할까요?
- 事務室に電気がついていますよ。　사무실에 전등이 켜져 있어요.
- あれ？カバンの中にお金が入っている。　어라? 가방 안에 돈이 들어 있어.

2 타동사의 진행　　타동사 + ている : ～(하)고 있다

- 最近バナナダイエットをしています。　요즘 바나나 다이어트를 하고 있어요.
- 先月から髪を伸ばしています。　지난달부터 머리를 기르고 있습니다.
- では、返事を待っています。　그럼 답장을 기다리고 있겠습니다.
- ちょっと頭を冷やしています。　잠시 머리를 식히고 있습니다.
- 恋人を待ちながらタバコを吸っています。　애인을 기다리면서 담배를 피고 있습니다.

타동사의 상태　　타동사 + てある : ～해져 있다, ～해 있다

- 台所にサンドイッチが作ってあるから食べて。　주방에 샌드위치 만들어져 있으니까 먹어.
- パスポートは引き出しの中にしまってあります。　여권은 서랍 안에 보관되어 있어요.
- 車は地下3階に止めてあります。　차는 지하 3층에 세워져 있습니다.
- 黒板に休講と書いてありますよ。　칠판에 휴강이라고 쓰여 있어요.

練習問題

01 [보기]와 같이 동사를 자동사/타동사로 구분하고, 상태 표현으로 바꾸어 보세요.

> [보기] 止める (자/**타**) [　止めている　]

1　作る　（자/타）[　　　　　]　　2　置く　（자/타）[　　　　　]
3　起こす（자/타）[　　　　　]　　4　消す　（자/타）[　　　　　]
5　書く　（자/타）[　　　　　]　　6　入れる（자/타）[　　　　　]
7　開く　（자/타）[　　　　　]

02 [보기]와 같이 그림을 보고 우리말 뜻에 알맞은 문장을 만들어 보세요.

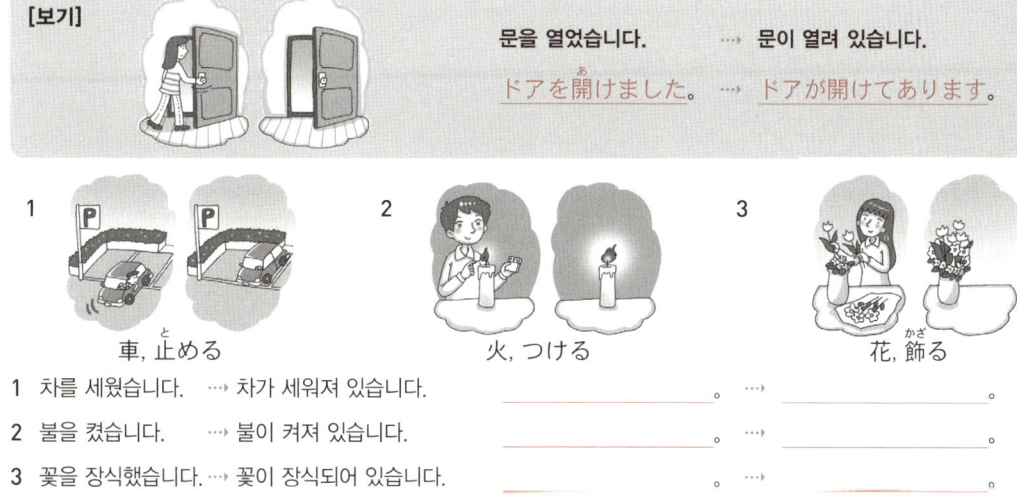

1　차를 세웠습니다.　→　차가 세워져 있습니다.
2　불을 켰습니다.　→　불이 켜져 있습니다.
3　꽃을 장식했습니다.　→　꽃이 장식되어 있습니다.

03 [보기]와 같이 괄호 안의 표현을 이용해 진행형 문장을 완성해 보세요.

> [보기] もうすぐお客さんが来るから [部屋をかたづける] → 　部屋をかたづけています　。

1　朝8時から夜7時までコンビニで [アルバイトをする] → 　　　　　　　　　　。
2　警察で [犯人をさがす] → 　　　　　　　　　　。

04 괄호 안의 어휘를 이용해 우리말 뜻에 알맞은 문장을 만들어 보세요.

1　손님을 위해 커피를 끓이고 있습니다. [お客さん, コーヒー, 入れる]
　→ 　　　　　　　　　　　　　　　　　　　　　　　　。

2　가방 안에서 핸드폰 벨이 울리고 있습니다. [カバンの中, ケイタイ, ベル, なる]
　→ 　　　　　　　　　　　　　　　　　　　　　　　　。

3　열심히 공부해서 성적이 오르고 있습니다. [一生懸命, 勉強, 成績, あがる]
　→ 　　　　　　　　　　　　　　　　　　　　　　　　。

Unit 31 보조동사

1 ～てみる
~해 보다 : 아직 해 보지 않은 일에 대한 시도의 의미로 주로 쓰인다.

- 短い文を翻訳してみました。 짧은 문장을 번역해 보았습니다.
- 研究してみる価値があると思います。 연구해 볼 가치가 있다고 생각합니다.
- 自分の10年後を想像してみてください。 자신의 10년 후를 상상해 보세요.
- 日本に行きたい。 일본에 가고 싶다. → 가고 싶다는 욕구

  日本に行ってみたい。 일본에 가 보고 싶다. → 아직 가 보지 않은 것에 대한 호기심

> 참고 「～てみる」의 여러가지 표현
> ～てみます ～해 보겠습니다   ～てみたい ～해 보고 싶습니다
> ～てみたほうがいい ～해 보는 편이 좋다   ～てみてください ～해 보십시오
> ～てみよう ～해 보자

2 ～てしまう
~해 버리다 : 완료와 유감의 두 가지 의미가 있다.

1) 완료
- A: きのう、買った本を読んでみましたか。 어제 산 책을 읽어 보았습니까?
  B: ええ、もう読んでしまいましたから貸しましょうか。 네, 벌써 다 읽어버렸으니까 빌려줄까요?

2) 유감
- Yシャツのボタンがはずれてしまいました。 와이셔츠의 단추가 떨어져 버렸습니다.

축약형 食べてしまった → 食べちゃった / 読んでしまった → 読んじゃった

3 ～ておく
~해 두다 : 목적을 위해서 사전에 뭔가를 한다는 의미

- A: パーティーの前に何をしておきますか。 파티 전에는 무엇을 해 둡니까?
  B: ビールやチーズを買っておきます。 맥주와 치즈를 사 둡니다.
- A: 旅行に行く前には何をしておきますか。 여행가기 전에는 무엇을 해 둡니까?
  B: 飛行機のチケットを予約しておきます。 비행기 티켓을 예약해 둡니다.

축약형 買っておく → 買っとく

4 ～ていく vs. ～てくる

- 最近ガソリン代が高くなって、会社まで歩いていく。

  최근 기름값이 올라서, 회사까지 걸어 간다. → ~해 가다

- 最近ガソリン代が高くなったので、会社まで歩いてきたら汗をかいた。

  최근 기름값이 올라서, 회사까지 걸어 왔더니 땀이 났다. → ~해 오다

- 寒くなって、かがどんどん消えていく。 추워져서, 모기가 점점 사라져 간다 → 계속의 의미
- 雲の間から太陽が出てきた。 구름 사이에서 태양이 나왔다. → 출현의 의미
- 結婚してからも仕事はやめないで続けていくつもりです。

  결혼하고서도 일은 그만두지 않고 계속해 갈 생각입니다. → 계속의 의미

練習問題

01 [보기]와 같이 괄호 안의 어휘를 알맞게 바꾸어 문장을 완성해 보세요.

> [보기] 三日前に韓国に [帰る, くる] … 帰ってきました 。

1 今日、お客さんが来るので、急いで部屋を [掃除する, おく] … _____。
2 先生の代わりに私が [教える, みる] … _____。
3 その事件で私の価値観はまったく [変わる, しまう] … _____。
4 汽車はどんどん遠くに [離れる, いく] … _____。

02 빈칸을 알맞게 채워 회화문을 완성해 보세요.

1 A: 遅かったですね。　　　　　　　　　　　늦었네요.
　 B: 朝寝坊をして [　　　　　　]。　　　　아침에 늦잠을 자 버렸습니다.

2 A: どうしたんですか。　　　　　　　　　　어떻게 된 겁니까?
　 B: 酔っ払って言ってはいけないことを言って [　　　　　　]。
　　　취해서 얘기해서는 안되는 것을 얘기해 버렸습니다.

3 A: 会議のためにどんな準備をしましたか。　회의를 위해서 어떤 준비를 했습니까?
　 B: 書類をコピーして [　　　　　　]。　　서류를 복사해 두었습니다.

03 괄호 안에서 문장의 의미상 적합한 것을 고르세요.

1 夜たくさん食べすぎて太って [いった/きた]。　　　밤에 지나치게 많이 먹어서 살이 쪘다.
2 霧が晴れて、山が見えて [いった/きた]。　　　　　안개가 걷혀서, 산이 보이기 시작했다.
3 夜が更けて [いく/くる]。　　　　　　　　　　　　밤이 깊어져 간다.
4 銀杏の葉が黄色くなって [いく/くる]。　　　　　　은행나무의 잎이 노랗게 물들어 간다.

04 괄호 안의 어휘를 이용해 우리말 뜻에 알맞은 문장을 만들어 보세요.

1 돌아가는 길에 들러 보겠습니다. [帰りに, 寄る, みる]
　… _____。

2 사실을 전부 말해 버렸습니다. [本当のこと, 全部, 言う, しまう]
　… _____。

3 순번이 돌아왔다. [順番, 回る, くる]
　… _____。

4 교통사고로 사망자가 늘어 갑니다. [交通事故, 死亡者, 増える, いく]
　… _____。

Unit 32 복합동사

복합동사란 두 개의 동사를 하나로 묶어 표현하는 것으로, 한 번에 두 가지 의미를 나타내거나 기존의 의미를 좀 더 강조하기 위한 표현이라고 할 수 있다.

① 동사의 ます형 + 過ぎる　너무 지나치게 ~하다

考える(생각하다) + すぎる(지나치다) = 考えすぎる(생각이 지나치다)

- 考えすぎはあまりよくない。 지나치게 깊게 생각하는 것은 그다지 좋지 않다.

② 동사의 ます형 + 換える　바꾸어(갈아) ~하다

乗る(타다) + 換える(바꾸다) = 乗り換える(갈아타다)

- ここで3号線に乗り換えてください。 여기에서 3호선으로 갈아타세요.

③ 동사의 ます형 + 合う　서로(함께) ~하다

話す(말하다) + 合う(합하다) = 話し合う(의논하다)

- 先生と話し合ってみます。 선생님과 의논해 보겠습니다.

④ 동사의 ます형 + 始める　~하기 시작하다

通う(다니다) + 始める(시작하다) = 通い始める(다니기 시작하다)

- ダイエットのためにジムに通い始めました。 다이어트를 위해 스포츠 센터에 다니기 시작했습니다.

⑤ 동사의 ます형 + 出す　(갑자기) ~하기 시작하다

泣く(울다) + 出す(내다, 발산하다) = 泣き出す(울음을 터뜨리다)

- 急に泣き出しました。 갑자기 울음을 터뜨렸습니다.

> 참고_「~はじめる」는 어떤 시점이나 시기를 중심으로 행동이 시작되는 '출발성'을 강조하고, 「~出す」는 갑자기 돌발적으로 행해지는 '동작성'을 강조한다.

⑥ 동사의 ます형 + 直す　(다시) 고쳐 ~하다

書く(쓰다) + 直す(고치다) = 書き直す(고쳐 쓰다)

- 間違えたら、書き直すしかない。 틀리면, 고쳐 쓰는 수 밖에 없어요.

⑦ 동사의 ます형 + 込む　골몰히(집중해서) ~하다, 안에 넣다

飲む(마시다) + 込む(들어차다, 몰리다) = 飲み込む(꿀꺽 삼켜버리다, 들이키다)

- 薬を飲み込みました。 약을 꿀꺽 삼켰습니다.

⑧ 동사의 ます형 + まくる　(분별없이 무작정) ~해대다

食べる(먹다) + まくる(계속하다) = 食べまくる(계속 먹어대다)

- そんなに食べまくっているから、太るのよ。 그렇게 먹어대고 있으니 살이 찌는 거야.

⑨ 동사의 ます형 + 切る　(마무리를 지어) ~를 끝내다

締める(닫다, 끝내다) + 切る(자르다) = 締め切る(마감하다)

- 学生の募集はこれで締め切ります。 학생 모집은 이것으로 마감합니다.

⑩ 동사의 ます형 + 続ける　계속 ~하다

読む(읽다) + 続ける(계속하다) = 読み続ける(계속 읽다)

- 聞いている人もいないのに3時間ずっと読み続けている。 듣는 사람도 없는데 3시간째 계속 읽고 있다.

練習問題

01 [보기]와 같이 복합동사를 만들고 뜻을 써 보세요.

> [보기] 泣く + 続ける … [泣き続ける : 계속 울다]

1 知る + 合う … [　　　　　 : 　　　　　]
2 食べる + 過ぎる … [　　　　　 : 　　　　　]
3 着る + 換える … [　　　　　 : 　　　　　]
4 習う + 始める … [　　　　　 : 　　　　　]
5 怒る + 出す … [　　　　　 : 　　　　　]
6 思う + 込む … [　　　　　 : 　　　　　]
7 考える + 直す … [　　　　　 : 　　　　　]
8 書く + まくる … [　　　　　 : 　　　　　]
9 思う + 切る … [　　　　　 : 　　　　　]

02 [보기]와 같이 괄호 안의 어휘를 복합동사로 알맞게 바꾸어 문장을 완성해 보세요.

> [보기] 저 사람을 선생님이라고 믿고 있네요.
> あの人を先生と [思う] … __思い込んで__ いますね。

1 우린 서로 사랑하고 있습니다.
　私たちは [愛する] … _____ います。

2 어제 술자리에서 과음했어요.
　昨日の飲み会で [飲む] … _____ ました。

3 종로에서 버스로 갈아타세요.
　チョンノでバスに [乗る] … _____ ください。

4 지난달부터 일본어를 배우기 시작했습니다.
　先月から日本語を [習う] … _____ ました。

5 아이가 갑자기 울음을 터뜨렸습니다.
　子供が急に [泣く] … _____ ました。

03 밑줄 친 단어를 복합동사로 바꾸어 우리말 뜻에 알맞은 문장을 만들어 보세요.

1 다른 종이에 고쳐 쓰세요. [他, 紙, 書く]
　… _____ 。

2 내일부터 시험인데 아침부터 마구 놀고만 있어요. [から, なのに, 試験, 朝, 明日, 遊ぶ]
　… _____ 。

3 유학은 단념했습니다. [こと, 留学, 思う]
　… _____ 。

Unit 33 동사의 관용적 표현

❶ 조사에 유의해야 하는 동사

우리말로는 '~을, ~를'로 해석되지만 일본어로는 조사 「に」를 써야 하는 동사는 다음과 같다.

- 会う　　早く彼女に会いたいです。　빨리 그녀를 만나고 싶습니다.
- 乗る　　地下鉄に乗って会社に通っています。　지하철을 타고 회사에 다닙니다.
- 似る　　あの人、タレントに似ていますね。　저 사람, 탤런트를 닮았네요.
- 従う　　先生の忠告に従った方がいいですよ。　선생님의 충고를 따르는 쪽이 좋아요.
- 触る　　展示品に触らないでください。　전시품을 만지지 말아 주세요.
- 代わる　イさんに代わって私が行きます。　이 씨를 대신해서 제가 가겠습니다.
- 向かう　正面に向かって座ってください。　정면을 향해서 앉으세요.
- 憧れる　前から日本文化に憧れていました。　전부터 일본문화를 동경하고 있었어요.
- 行く　　世界に旅行に行くのが私の趣味です。　세계로 여행을 다니는 게 제 취미에요.
- 勝つ　　サッカーゲームで日本に勝ちました。　축구경기에서 일본을 이겼습니다.
- つく　　ガイドの後について行けばいいです。　가이드 뒤를 따라서 가면 됩니다.

❷ 관용어구

두 개 이상의 단어로 이루어져 있으면서 단어의 원래 의미와는 다른 특수한 뜻을 나타내는 어구를 말한다.

- 風邪をひく　　冷房が強すぎて風邪をひいてしまいました。
　　　　　　　냉방이 너무 세서 감기에 걸리고 말았어요.
- 辞書をひく　　知らない単語があったら辞書をひいてください。
　　　　　　　모르는 단어가 있으면 사전을 찾아 보세요.
- 迷惑をかける　隣の人に迷惑をかけないようにしてください。
　　　　　　　옆 사람에게 피해를 주지 않도록 해 주세요.
- 年をとる　　　年をとれば骨が弱くなります。　나이를 먹으면 뼈가 약해져요.
- お風呂に入る　お風呂に入ってから飲むビールは本当にうまいです。
　　　　　　　목욕을 하고 나서 마시는 맥주는 정말 맛있어요.
- 気がつく　　　周りがあまりにもうるさくて、ケイタイに気がつかなかった。
　　　　　　　주변이 너무 시끄러워서 핸드폰 벨소리를 알아차리지 못했다.
- 気をつける　　雪が降っているから運転に気をつけてくださいね。
　　　　　　　눈이 오고 있으니까 운전 조심하세요.
- 気になる　　　最近、彼と連絡がとれません。気になりますね。
　　　　　　　요즘 그와 연락이 안 돼요. 걱정되네요.
- 気にする　　　そんなこと気にするなよ。　그런거 신경쓰지 마.
- お茶を入れる　そろそろお茶を入れましょう。　슬슬 차를 내 옵시다.
- 役に立つ　　　役に立ててうれしいです。　도움이 되어서 기뻐요.
- 耳にする　　　彼のうわさをふと耳にしました。　그 사람 소문을 잠깐 들었어요.

練習問題

01 다음 그림에 해당하는 관용어구를 써 보세요.

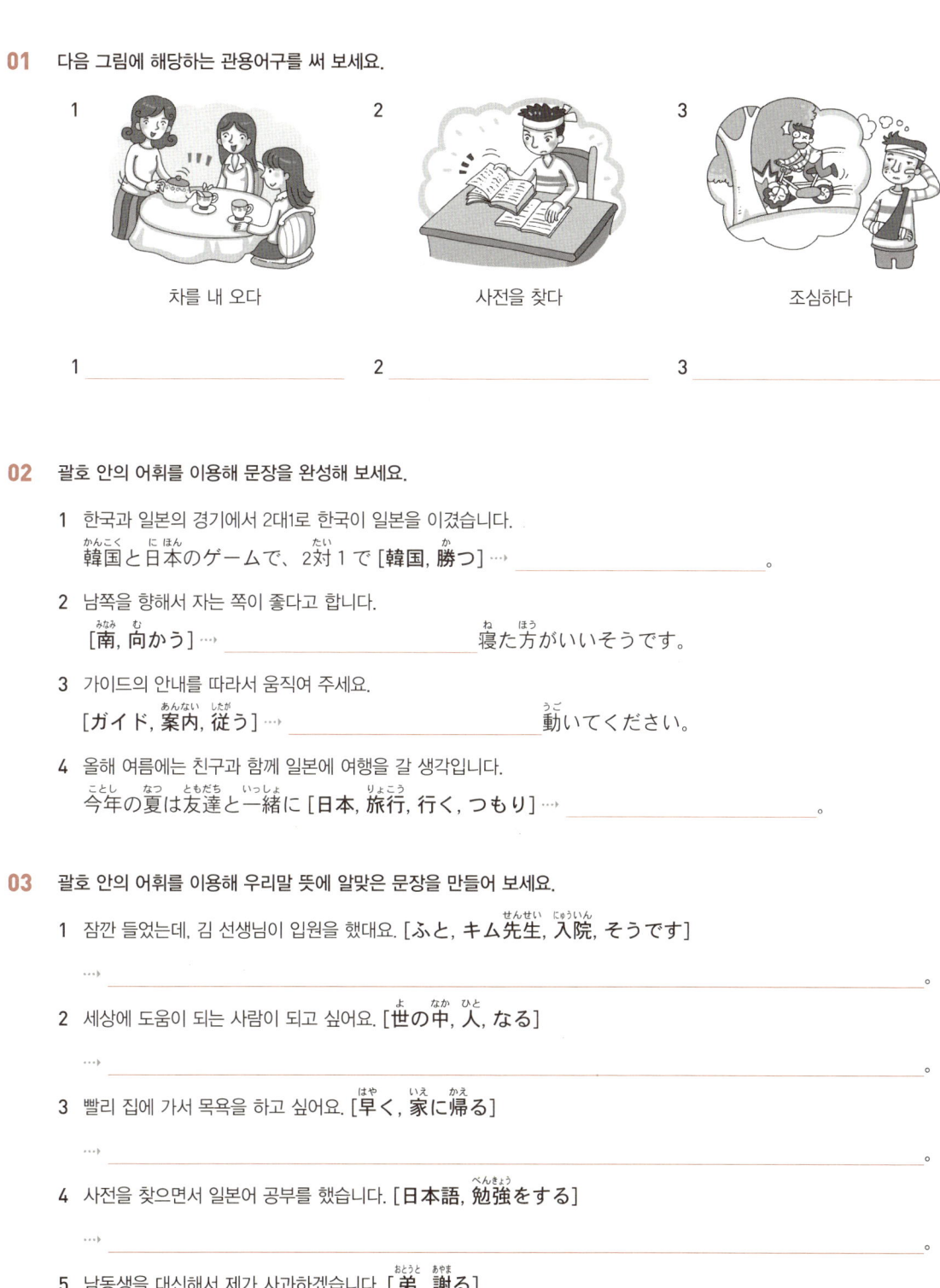

1. 차를 내 오다
2. 사전을 찾다
3. 조심하다

1. _____   2. _____   3. _____

02 괄호 안의 어휘를 이용해 문장을 완성해 보세요.

1. 한국과 일본의 경기에서 2대1로 한국이 일본을 이겼습니다.
   韓国と日本のゲームで、2対1で [韓国, 勝つ] … _____。

2. 남쪽을 향해서 자는 쪽이 좋다고 합니다.
   [南, 向かう] … _____ 寝た方がいいそうです。

3. 가이드의 안내를 따라서 움직여 주세요.
   [ガイド, 案内, 従う] … _____ 動いてください。

4. 올해 여름에는 친구과 함께 일본에 여행을 갈 생각입니다.
   今年の夏は友達と一緒に [日本, 旅行, 行く, つもり] … _____。

03 괄호 안의 어휘를 이용해 우리말 뜻에 알맞은 문장을 만들어 보세요.

1. 잠깐 들었는데, 김 선생님이 입원을 했대요. [ふと, キム先生, 入院, そうです]
   … _____。

2. 세상에 도움이 되는 사람이 되고 싶어요. [世の中, 人, なる]
   … _____。

3. 빨리 집에 가서 목욕을 하고 싶어요. [早く, 家に帰る]
   … _____。

4. 사전을 찾으면서 일본어 공부를 했습니다. [日本語, 勉強をする]
   … _____。

5. 남동생을 대신해서 제가 사과하겠습니다. [弟, 謝る]
   … _____。

Chapter 5

조동사

알아 봅시다! 조동사

Q 조동사는 어떤 품사인가요?

A '동사(動)를 돕는다(助)'고 해서 조동사라고 부릅니다. 너무 어렵게 생각하지 말고, 동사를 도와서 좀 더 복잡한 여러 가지 의미를 나타낼 수 있게 해 주는 품사라고 생각하세요.

Q 조동사에는 어떤 것들이 있나요?

A 예를 들면「가다 : 行く」라는 동사에 희망의 의미를 부여하고 싶을 때, 우리말 '~하고 싶다'에 해당하는「たい」라는 표현을 첨가합니다. 그러면「가고 싶다」라는 의미가 되죠. 이럴 때「たい」를 희망을 나타내는 조동사라고 합니다. 자, 그럼 이와 같은 조동사들의 종류와 쓰임에 대해서 함께 공부해 볼까요?

Unit 34 수동, 가능, 자발, 존경표현의 れる・られる

수동, 가능, 자발, 존경의 의미를 나타내는 「~(ら)れる」는 동사의 ない형에 접속된다.

1그룹	あ단 + れる	踏む → 踏まれる
2그룹	る 삭제 + られる	助ける → 助けられる
3그룹	くる → こられる	する → される

① 수동의 れる・られる   누군가로부터 동작, 영향, 작용 등을 받게 됨을 나타낸다.

1) 행위자 + に + ~れる・られる
   - ~が怒る(~가 화내다)
   - → ~に怒られる(~에게 혼나다)

   割り込みをしようとしたら、後ろの人に怒られました。
   새치기를 하려고 했다가, 뒷사람에게 혼났습니다.

2) 행위자 + に + 목적어 + を + ~れる・られる
   - ~が…を勧める(~가 …를 권유하다)
   - → ~に…を勧められる(~에게 …를 권유받다)

   友達にりんごのダイエットを勧められました。
   친구에게 사과 다이어트를 권유받았습니다.

3) 행위자보다는 「もの(사물), こと(사건, 행위 등)」가 주어가 되는 수동표현
   - 作る(만들다) → 作られる(만들어지다)

   トヨタ車は日本で作られます。
   도요타 차는 일본에서 만들어집니다.

   - 移す(옮기다) → 移される(옮겨지다)

   最近、韓国の多くの工場が中国に移されています。
   최근 한국의 많은 공장이 중국으로 옮겨지고 있습니다.

   - 開く(개최하다) → 開かれる(개최되다)

   2012年のオリンピックはロンドンで開かれます。
   2012년의 올림픽은 런던에서 개최됩니다.

② 가능의 れる・られる   '~할 수 있다'는 가능의 의미를 나타낸다.

- 来る(오다) → 来られる(올 수 있다)

  朝七時までに来られますか。
  아침 7시까지 올 수 있습니까?

- 見る(보다) → 見られる(볼 수 있다)

  天気がよければ、富士山が見られるかもしれません。
  날씨가 좋으면, 후지산을 볼 수 있을지도 모릅니다.

③ 자발의 れる・られる   의도적으로 하려고 하지 않았는데도 자연히 하게 된다는 의미를 나타낸다.

- 思い出す(떠올리다) → 思い出される(떠오르다)

  この歌を聞くと子供のころが思い出される。
  이 노래를 들으면 어릴 적이 떠오른다.

- 感じる(느끼다) → 感じられる(느껴지다)

  この手紙を見ると母の心が感じられる。
  이 편지를 보면 어머니의 마음이 느껴진다.

④ 존경의 れる・られる   동작을 하는 사람에 대한 경의를 나타낸다.

- 書く(쓰다) → 書かれる(쓰시다)

  これは高校の時の先生が書かれた本です。
  이것은 고등학교 때의 선생님이 쓰신 책입니다.

練習問題

01 [보기]와 같이 괄호 안의 어휘를 ~れる・られる의 형태로 알맞게 바꾸어 문장을 완성해 보세요.

> [보기] 남동생이 소중한 책을 버렸다. 弟に大切な本を [捨てる] … 捨てられた 。

1. 지하철 안에서 뒷사람에게 밀렸다. 地下鉄の中で後ろの人に [押す] … ＿＿＿＿＿＿＿＿＿＿。
2. 지하철 안에서 소매치기에게 지갑을 도둑맞았다. 地下鉄の中ですりに財布を [する] … ＿＿＿＿＿＿＿＿＿＿。
3. 남동생이 카메라를 부숴뜨렸다. 弟にカメラを [壊す] … ＿＿＿＿＿＿＿＿＿＿。
4. 상사에게 이사의 심부름을 부탁받았다. 上司に引越しの手伝いを [頼む] … ＿＿＿＿＿＿＿＿＿＿。

02 [보기]와 같이 우리말 뜻에 알맞은 문장을 만들어 보세요.

> [보기] 모두에게 미움받았다. [みんな, 嫌う] … みんなに嫌われた 。

1. 학생들에게 존경받았다. [学生, 尊敬する] … ＿＿＿＿＿＿＿＿＿＿。
2. 모두에게 호감을 샀다. [みんな, 好く] … ＿＿＿＿＿＿＿＿＿＿。
3. 선생님으로부터 여러 가지 질문을 받았다. [先生, いろいろ質問する] … ＿＿＿＿＿＿＿＿＿＿。
4. 선배로부터 괴롭힘을 당했다. [先輩, いじめる] … ＿＿＿＿＿＿＿＿＿＿。
5. 믿고 있던 사람에게 속았다. [信じていた人, だます] … ＿＿＿＿＿＿＿＿＿＿。
6. 부모님으로부터 결혼을 반대당했다. [親, 結婚, 反対する] … ＿＿＿＿＿＿＿＿＿＿。

03 밑줄 친 부분을 해석해 보세요.

1. あなたはあと一日しか生きられません。何がしたいですか。
   당신은 앞으로 하루밖에 ＿＿＿＿＿＿＿＿＿＿. 무엇을 하고 싶습니까?
2. 部長に残業を頼まれて断れなかった。
   부장님에게 잔업을 ＿＿＿＿＿＿＿＿＿＿ 거절할 수 없었다.
3. 明日午後5時までに来られますか。
   내일 오후 5시까지 ＿＿＿＿＿＿＿＿＿＿?
4. あのビルは1969年に建てられました。
   저 빌딩은 1969년에 ＿＿＿＿＿＿＿＿＿＿.
5. 多くの人の応援に助けられて、ベストを尽くしてきました。
   많은 사람들의 응원에 ＿＿＿＿＿＿＿＿＿＿, 최선을 다했습니다.

Unit 35 사역표현 せる・させる

어떤 행위를 강제로 하게 하거나 혹은 하도록 허용하는 표현으로 '~시키다, ~하게 하다'의 의미를 나타내는 「~(さ)せる」는 동사의 ない형에 접속된다.

1그룹	あ단 + せる	帰る → 帰らせる
2그룹	る 삭제 + させる	見る → 見させる
3그룹	くる → こさせる	する → させる

1 대상 + を + ~せる・させる   대상을 ~하게 하다

- 子供がピアノ教室や数学の塾に行く。 아이가 피아노 교실과 수학 학원에 간다.
  → 子供をピアノ教室や数学の塾に行かせている。 아이를 피아노 교실과 수학 학원에 가게 하고 있다.

2 대상 + に + 목적어 + を + ~せる・させる   대상에게 목적어를 ~하게 하다

목적어가 있는 사역표현의 경우는 행동을 시키는 대상의 뒤에 조사 「に」를 붙인다.

- 選手がボールをできるだけ遠くへ投げる。 선수가 공을 가능한 멀리 던진다.
  → 選手にボールをできるだけ遠くへ投げさせる。 선수에게 공을 가능한 한 멀리 던지게 한다.

3 여러 가지 사역표현들

1) ~(さ)せてください(~하게 해 주세요) : '~하고 싶다'의 겸양 표현
   - 勉強する(공부하다)
     → 勉強させる(공부시키다) 　　私も勉強したいです。私にも勉強させてください。
     → 勉強させてください(공부시켜 주세요) 　저도 공부하고 싶습니다. 저도 공부하게 해 주십시오.

2) ~(さ)せていただきます(~하게 해 받겠습니다) : '~하겠습니다, ~하게 해 주십시오'의 겸양 표현
   - 終わる(끝나다)
     → 終わらせる(끝내다) 　　今日の発表はこれで終わらせていただきます。
     → 終わらせていただきます(끝나게 해 받다) 　오늘의 발표는 이것으로 끝내겠습니다.

3) ~(さ)せられる(~하게 함을 당하다) : 누군가로부터의 강요로 인해 어쩔 수 없이 하게 되었다는 표현
   - やめる(그만두다)
     → やめさせる(그만두게 하다) 　　A: 私、タバコをやめさせられました。
     　　　　　　　　　　　　　　　　　저, 담배 끊었습니다. → 끊게 함을 당하다
     → やめさせられる(그만두게 함을 당하다) B: 医者にやめさせられましたか。
     　　　　　　　　　　　　　　　　　의사가 끊게 했습니까? → 의사에게 끊게 함을 당하다
   - 待つ(기다리다)
     → 待たせる(기다리게 하다) 　　A: 木村さん、いつも遅いですね。 키무라 씨, 항상 늦는군요.
     → 待たせられる(기다리게 함을 당하다) B: そうですね。先日も木村さんが遅れて、30分も待たせられました。
     　　　　　　　　　　　　　　　　그러네요. 지난번도 키무라 씨가 늦어서 30분이나 기다렸습니다.

練習問題

01 [보기]와 같이 주어진 표현을 이용해 질문에 대답해 보세요.

> [보기] あなたが親なら子供に何をさせますか。　[英語を習う] …▶ __英語を習わせます__ 。

1 あなたが先生なら学生に何をさせますか。　[毎日復習する] …▶ _____ 。
2 あなたが社長なら社員に何をさせますか。　[コーヒーを入れる] …▶ _____ 。
3 あなたが妻なら夫に何をさせますか。　[運転する] …▶ _____ 。

02 괄호 안에서 알맞은 조사를 고르세요.

1 人 [を / に] 笑わせる職業は何ですか。
2 自分の仕事は絶対他人 [を / に] させません。
3 子供 [を / に] 泣かせてしまいました。
4 学生 [を / に] 必ず宿題をさせます。
5 子供たち [を / に] 早く寝かせたほうがいいですよ。

03 [보기]와 같이 사역표현을 이용해 주어진 문장을 바꿔 보세요.

> [보기] 先生、初恋の話を聞きたいです。 → __先生、初恋の話を聞かせてください__ 。

1 今日は私が払いたいです。 …▶ _____ 。
2 病院に行くために、少し早く帰りたいです。 …▶ _____ 。
3 私は歌が得意です。私が歌いたいです。 …▶ _____ 。

04 괄호 안의 어휘를 이용해 우리말 뜻에 알맞은 문장을 만들어 보세요.

1 당신이 의사라면 환자에게 무엇을 시키겠습니까? [医者, 患者, する]
…▶ _____

2 3시간 정도 쉬게 해 주십시오. [3時間ぐらい, 休憩する]
…▶ _____

3 이 회사에서 꼭 일하게 해 주십시오. [会社, ぜひ, 働く]
…▶ _____

양태, 전문의 そうだ

① 양태의 「そうだ」

'~해 보인다, ~할 듯하다' : 어떤 모습이나 상태에 대해 시각적인 근거를 바탕으로 직감적인 판단을 내린 것과, 아직 일어나지 않은 실현 가능한 일에 대한 예상을 나타낸다.

양태의 「そうだ」의 접속 형태			
명사	접속되지 않는다	동사	ます형 + そうだ
い형용사	어간 + そうだ	な형용사	어간 + そうだ

- ずっと探していた本がこの本屋にはありそうだ。 줄곧 찾고 있었던 책이 이 책방에는 있을 것 같다.
- この数学問題は難しそうですね。 이 수학 문제는 어려울 것 같군요.
- このポーズは複雑そうですね。ヨーガポーズの中で簡単なポーズはありませんか。
  이 포즈는 복잡해 보이는군요. 요가 포즈 중에서 간단한 포즈는 없습니까?

> 참고_ 「いい・よい: 좋다」와 「ない: 없다」의 뒤에 양태의 「そうだ」가 올 때는 어간 + さ + そうだ의 형태가 된다.
>   よさそうだ 좋을 듯하다   なさそうだ 없을 듯하다

양태의 「そうだ」를 활용할 때는 な형용사처럼 활용을 한다.

- 重い → 重そうだ → 重そうな   重そうな荷物を運んでいる。 무거운 듯한 짐을 운반하고 있다.
- 悲しい → 悲しそうだ → 悲しそうに   山の中を歩いている時、悲しそうに泣いている声が聞こえてきた。 산속을 걷고 있을 때 슬픈 듯이 울고 있는 소리가 들려왔다.
- 元気だ → 元気そうだ → 元気そうで   お元気そうで安心しました。 건강해 보여서 안심했습니다.
- 眠れる → 眠れそうだ → 眠れそうにもない   熱帯夜で今夜も眠れそうにもない。
  열대야로 오늘밤도 잠들 수 있을 것 같지 않다.
- 難しくない → 難しくなさそうだ   運転免許試験は難しくなさそうだ。
  운전면허시험은 어렵지 않을 것 같다.
- 死ぬ → 死にそうだ → 死にそうになった   車にひかれて死にそうになった。 차에 치여서 죽을 뻔했다.

② 전문의 「そうだ」

'~라고 한다' : 들은 내용을 전하는 것을 나타내며, 주로 직접 들은 내용을 전달하는 경우에 사용된다.

전문의 「そうだ」의 접속 형태			
명사	명사 + だ + そうだ	동사	기본형 + そうだ
い형용사	기본형 + そうだ	な형용사	기본형 + そうだ

- 男性より女性が長生きするそうだ。 남자보다 여자가 오래 산다고 한다.
- 今年の能力試験は難しいそうだ。 올해의 능력시험은 어렵다고 한다.
- 部長は3ヶ国語が上手だそうだ。 부장님은 3개 국어를 능숙하게 한다고 한다.
- 病気の原因は過労だそうだ。 병의 원인은 과로라고 한다.

練習問題

01 [보기]와 같이 괄호 안의 어휘를 알맞게 바꾸어 문장을 완성해 보세요.

> [보기] 空を見ると明日は [晴れる] … ＿晴れ＿ そうです。

1. 天気予報によると今晩、台風が [来る] … ＿＿＿＿＿＿ そうです。
2. 元気そうで、もうすぐ [退院できる] … ＿＿＿＿＿＿ そうですね。
3. 使っている主婦の話によると [使いやすい] … ＿＿＿＿＿＿ そうです。

02 [보기]와 같이 전문과 양태의 「そうだ」를 이용해 우리말 뜻에 알맞은 문장을 만들어 보세요.

> [보기] [この店, 社長, 性格がいい]
> 이 가게 사장은 성격이 좋대요. → この店の社長は性格がいいそうですよ。
> 그렇군요. 좋아 보이네요. → そうですね。よさそうですね。

1. [キムさんの話では, 親切だ]
   김 씨의 말로는 저 사람은 매우 친절하대요. → ＿＿＿＿＿＿＿＿＿＿。
   그렇군요. 정말 친절할 것 같네요. → ＿＿＿＿＿＿＿＿＿＿。

2. [ニュースによると, 今日, 雨が降る]
   뉴스에 의하면 오늘 비가 온대요. → ＿＿＿＿＿＿＿＿＿＿。
   그렇군요. 비가 올 것 같네요. → ＿＿＿＿＿＿＿＿＿＿。

3. [思ったより, 高い]
   생각보다 비싸지 않대요. → ＿＿＿＿＿＿＿＿＿＿。
   그래요? 비싸 보이는데요. → ＿＿＿＿＿＿＿＿＿＿。

03 [보기]와 같이 「そうだ」를 이용해 우리말 뜻에 알맞은 문장을 완성해 보세요.

> [보기] 비가 올 것 같아서 우산을 들고 학교에 갔습니다.
> 雨が [降る] … ＿降りそうで＿ かさを持って学校へ行きました。

1. 행복한 듯이 웃고 있네요.　　　　　[幸せだ] … ＿＿＿＿＿＿ 笑っていますね。
2. 이제 3시가 되었으니까, 그가 올 것 같네요. もう 3時だから、彼が [来る] … ＿＿＿＿＿＿。
3. 이 서랍 안에는 아무것도 없을 것 같군요. この引き出しの中には何も [ない] … ＿＿＿＿＿＿。

04 괄호 안의 어휘를 이용해 우리말 뜻에 알맞은 문장을 만들어 보세요.

1. 부장님 말로는 나카무라 씨가 승진한다고 합니다. [部長, 話, 中村さん, 昇進する, そうだ]

   … ＿＿＿＿＿＿＿＿＿＿＿＿＿＿＿＿＿＿＿＿＿。

2. 배가 고파서 죽을 것 같습니다. [お腹がすく, 死ぬ, そうだ]

   … ＿＿＿＿＿＿＿＿＿＿＿＿＿＿＿＿＿＿＿＿＿。

Unit 37 불확실한 단정의 ようだ와 추정표현 らしい

1 ようだ
'~인 것 같다': 주관적인 근거를 바탕으로 한 추측, 판단의 의미를 나타낸다.

「ようだ」의 접속 형태			
명사	명사 + の + ようだ	동사	기본형 + ようだ
い형용사	기본형 + ようだ	な형용사	어간 + な + ようだ

- 電気がついている。まだ、勉強しているようだ。 불이 켜져 있다. 아직 공부하고 있는 것 같다.
- 今日は少し寒いようだ。 오늘은 조금 추운 것 같다.
- 彼女はとても幸せなようだ。 그녀는 매우 행복한 것 같다.
- 図書館でよく勉強しているから、大学生のようだ。 도서관에서 자주 공부하고 있는 걸 보니 대학생인 것 같다.

1) 활용할 때는 な형용사와 동일하게 활용된다.

　「~ようだ」: ~인 것 같다　　　　　　「~ような」: ~인 것 같은
　「~ようで」: ~인 것 같아서　　　　　「~ように」: ~인 듯이

2) 명사 뒤에 「~のようだ」의 형태로 접속되어 비유와 예시의 의미를 나타내기도 한다.

- 彼の話はまるでテレビのドラマのようだ。 그의 이야기는 마치 텔레비전 드라마 같다. → 비유
- 学生でもできることだ。あなたのような優秀な社員にできないなんて。
  아이라도 할 수 있는 일이다. 너와 같은 우수한 사원이 할 수 없다니. → 예시

> 참고_ 비유와 예시의 의미를 나타낼 때 회화체에서는 「みたいだ」를 주로 사용한다.
>
> | 「みたいだ」의 접속 형태 | | | |
> |---|---|---|---|
> | 명사 | 명사 + みたいだ | 동사 | 기본형 + みたいだ |
> | い형용사 | 기본형 + みたいだ | な형용사 | 어간 + みたいだ |
>
> 木村先生は私にとってまるで親みたいな存在です。 키무라 선생님은 나에게 있어 마치 부모님 같은 존재입니다.
> 真夏みたいに暑いですね。 한여름처럼 덥군요.

2 らしい
'~라는 것 같다': 객관적인 정보 혹은 타인으로부터 들은 내용을 가지고 짐작할 때 쓰는 표현이다.

「らしい」의 접속 형태			
명사	명사 + らしい	동사	기본형 + らしい
い형용사	기본형 + らしい	な형용사	어간 + らしい

- 最近勉強はうまく行っているらしいよ。心配しなくてもいいよ。
  최근 공부는 잘 되어 가고 있는 것 같아요. 걱정하지 않아도 좋아요.
- 雑誌によると、あの店のピザはおいしいらしい。 잡지에 따르면, 저 가게의 피자는 맛있는 것 같다.
- 日本人は生物が好きらしい。 일본인은 날것을 좋아하는 것 같다.
- そのうわさはうそらしい。 그 소문은 거짓말인 것 같다.

명사의 뒤에 접미어로 붙어 '~다운'의 뜻을 나타내기도 한다.

- もっと学生らしい服を着てください。 더욱 학생다운 옷을 입으세요.

練習問題

01 [보기]와 같이 「ようだ」와 「らしい」를 사용해 우리말 뜻에 알맞은 문장을 완성해 보세요.

> [보기] 電気がついているのを見ると、まだ [勉強をしている] → 勉強をしているようです 。

1. 毎日マンガばかり見ていますね。[オタク, ようだ] → _____ 。
2. 彼は視力が [よくない, ようだ] → _____ 。
3. 朝からゲームをしていますね。[暇だ, ようだ] → _____ 。
4. すしが 好きじゃない日本人も [いる, らしい] → _____ 。
5. 彼はまだ何も [知らない, らしい] → _____ 。
6. あの店はとても [静かだ, ようだ] → _____ 。
7. 彼の好物のおつまみは [シシャモ, ようだ] → _____ 。
8. もっと [女, らしい] → _____ 洋服を探しているんですが…。

02 [보기]와 같이 「ようだ」를 사용해 문장을 완성해 보세요.

> [보기] [本物] → 本物のようで (진품 같아서) みんな 買いたがっています。

1. このビールは冷たくて [氷] → _____ (얼음 같다)。
2. まるで [人形] → _____ (인형 같은) 子供ですね。
3. まるで [先生] → _____ (선생님처럼) 話していますね。

03 괄호 안의 어휘를 이용해 우리말 뜻에 알맞은 문장을 만들어 보세요.

1. 라면만 먹는 걸 보니 라면을 좋아하는 것 같습니다. [ラーメン, ばかり, 食べる, 好きだ]

   → _____ 。

2. 일본인은 매운 것을 좋아하지 않는 것 같습니다. [日本人, 辛い, 好きだ]

   → _____ 。

3. 얼굴이 빨갛네요. 술을 마신 것 같아요. [顔, 赤い, お酒, 飲む]

   → _____ 。

4. 다음 주부터 테스트인 것 같다. [来週, テスト]

   → _____ 。

Unit 38 희망의 조동사 たい・たがる・ほしい

희망을 나타내는 표현에는 조동사 「たい」와 「たがる」가 있다. 명사의 희망표현에는 형용사 「ほしい」를 쓴다.

1 たい
동사의 ます형에 접속한다. 1인칭과 2인칭의 경우에만 쓰이며, い형용사와 동일하게 활용된다.

- ゆっくり休みたいです。 푹 쉬고 싶어요.
- そんな話は聞きたくないです。 그런 이야기는 듣고 싶지 않아요.
- あなたも海へ行きたいですか。 당신도 바다에 가고 싶습니까?
- 子供のころはパイロットになりたかったです。 어린 시절 파일럿이 되고 싶었어요.
- 今日は辛いものが食べたいですね。 오늘은 매운 것이 먹고 싶네요.

「たい」 앞에 오는 조사는 우리말로는 '~을, ~를'로 해석되어도 일본어로는 「を」 대신에 「が」를 쓰는 것이 일반적이다.

- A: 今、何がしたいですか。 지금 무엇을 하고 싶습니까?
  B: 素敵な恋がしたいです。 멋진 사랑을 하고 싶습니다.

단, 희망하는 동작의 대상이 사람일 때는 조사 「を」를 써야 한다.

- 今度のパーティーには彼女を招待したいです。 이번 파티에는 그녀를 초대하고 싶어요.
- 私もあなたを信じたいです。 나도 당신을 믿고 싶어요.

> 참고_ 「…を~たい」와 「…が~たい」 사이에는 다음과 같은 약간의 뉘앙스 차이가 있을 수 있다.
> パンを食べたいです。 → 빵을 먹고 싶은지 아닌지를 나타냄.
> パンが食べたいです。 → 다른 것이 아닌 오직 빵이 먹고 싶다는 의미를 나타냄.

2 たがる
3인칭 희망 표현을 나타낼 때 사용한다.

- 人間はみんな成功したがる。 인간은 모두 성공하고 싶어한다.

たがる는 조사 「を」를 쓰며, 지속적인 욕구를 나타낼 때는 진행형의 형태로 많이 쓰인다.

- クラスのみんながヨーロッパに行きたがっています。 반 전원이 유럽에 가고 싶어해요.
- これが弘子先生が買いたがっている本です。 이게 히로코 선생님이 사고 싶어하는 책입니다.

3 ほしい
명사를 가지고 싶다고 할 때는 「ほしい」를 쓰며, 3인칭의 경우는 「ほしがる」를 쓴다. 또한 '제3자가 어떻게 하길 바란다, 해 줬으면 좋겠다'는 뜻을 나타낼 때는 동사에 「~てほしい」를 붙인다.

- 私はお金がほしいです。 나는 돈이 가지고 싶어요. → 1인칭
- あなたもお金がほしいですか。 당신도 돈이 가지고 싶습니까? → 2인칭
- 彼もお金をほしがっています。 그도 돈을 가지고 싶어합니다. → 3인칭
- みなさんに頑張ってほしいです。 모두가 열심히 하길 바래요(해 줬으면 좋겠어요).
- そんな人と付き合わないでほしいですよ。 그런 사람과 사귀지 않았으면 좋겠어요.

練習問題

01 [보기]와 같이 「たい」와 「たがる」를 이용하여 문장을 완성해 보세요.

> **[보기]** 彼は彼女に自分の心を [伝える] … <u>伝えたがっています</u> 。

1. みんなここに [来る] … _____ 。
2. コンサートのチケットの予約を [確認する] … _____ 。
3. 母は父といっしょに温泉に [行く] … _____ 。
4. 私は貧しい生活をしている子供たちを [助ける] … _____ 。

02 빈칸에 「ほしい」를 알맞은 형태로 집어넣어 문장을 완성해 보세요.

1. 예쁜 핸드폰 줄을 갖고 싶어요.
   かわいいストラップが [_____]。

2. 당신은 지금 무엇을 갖고 싶습니까?
   あなたは今、何が [_____]。

3. 미키는 핸섬하고 키가 큰 남자친구를 갖고 싶어하고 있습니다.
   美紀ちゃんはハンサムで背が高い彼氏を [_____]。

03 괄호 안의 어휘를 이용해 우리말 뜻에 알맞은 문장을 만들어 보세요.

1. 그와는 이제 두 번 다시 만나고 싶지 않아요. [彼, もう, 二度と, 会う]
   → _____ 。

2. 이것이 김 씨가 사고 싶어하는 옷이에요. [これ, キムさん, 買う, 服]
   → _____ 。

3. 요즘 유행하고 있는 MP3P를 가지고 싶어요. [最近, 流行する, MP3P]
   → _____ 。

4. 야마다 씨는 외제 오픈카를 사고 싶어하고 있습니다. [山田さん, 外車, オープンカー, 買う]
   → _____ 。

5. 스즈키 씨는 귀여운 강아지를 가지고 싶어하고 있습니다. [鈴木さん, かわいい, ワンちゃん]
   → _____ 。

Chapter 6

경어

알아 봅시다! 경어

Q 경어는 어떤 표현인가요?
A 간단히 말해 상대방에 대한 경의를 나타내는 표현입니다.

Q 경어에도 종류가 있나요?
A 네, 상대방을 높여줌으로써 경의를 표현하는 존경표현(~하십니다)과 나를 낮춤으로써 상대방에 대해 경의를 표현하는 겸양표현(~하겠습니다)이 있습니다.

Q 경어 표현은 어떻게 만드나요?
A 경어동사가 따로 있는 동사들은 그 단어들을 외워야 하고요, 경어동사가 없는 동사들은 동사변화를 통해 경어 표현으로 만드는 방법이 별도로 존재합니다.

Q 예를 들어 설명해 주세요.
A 예를 들면, 「食べる: 먹다」는 「めしあがる: 드시다」와 같은 경어동사를 별도로 가지며, 경어동사가 없는 동사인 「使う: 사용하다」는 「お使いになる: 사용하시다」와 같이 만듦으로써 존경 표현을 나타냅니다.

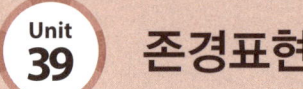

존경표현

1 존경동사

경의의 의미를 가장 강하게 나타낼 수 있는 표현이다. 몇 가지 동사에 한정되어 있으므로 외우면 된다.

일반동사		존경동사	일반동사		존경동사
行く・来る・いる	→	いらっしゃる	言う	→	おっしゃる
知る	→	ご存じだ	食べる・飲む	→	めしあがる
見る	→	ご覧になる	する	→	なさる
くれる	→	くださる	寝る	→	お休みになる

- お客様が 5 分後にいらっしゃいます。 손님께서 5분 후에 **오십니다**.
- 社長はテニスをなさいますか。 사장님은 테니스를 **치십니까**?

참고 寝る → お寝になる(X)
　　　→ お休みになる(O)라고 한다.

2 お+ 동사의 ます형 + に + なる

경의를 나타내는 데 부드러운 어감을 준다. 존경 동사가 있는 동사들은 이 표현은 사용하지 않는 것이 보통이다.

- 見送る → お見送りになる　駅までお見送りになりましたか。 역까지 배웅하셨습니까?
- 入る → お入りになる　コンサートは 8時から始まるので、会場は7時からお入りになれます。
  콘서트는 8시부터 시작이므로, 회장에는 7시부터 들어가실 수 있습니다.
- 分かる → お分かりになる　この点がお分かりにならないようですね。 이 점이 이해가 안 되시는 것 같군요.

한자어 + する는 주로 한자어 + なさる 형태를 사용한다.

- 出張する → 出張なさる　社長、いつから出張なさいますか。 사장님, 언제부터 출장가십니까?

3 お + 동사의 ます형 + だ・です

「〜る, 〜た, 〜ている」등의 시제가 포함된다.

- 何をお探しですか。 무엇을 찾고 계십니까? (= 何を探していらっしゃいますか。)
- この新聞、お読みですか。 이 신문, 읽으셨습니까? (= この新聞、お読みになりましたか。)
- チケットはお持ちですか。 티켓은 갖고 계십니까? (= チケットはお持ちになっていますか。)

4 동사의 ない형 + れる・られる

어감이 가벼운 편으로 자주 쓰여지는 경어 표현이다.

- やめる → やめられる　先生、学校をやめられたんですか。 선생님, 학교를 그만두셨습니까?
- 受ける → 受けられる　高い評価を受けられました。 높은 평가를 받으셨습니다.

5 명사의 존경 표현

명사앞에 접두어 お/ご를 붙임으로서 존경 또는 정중의 의미를 나타낼 수 있다.

- お + 和語(고유어)　お勉強　お電話　お名前　お仕事
- ご + 漢語(한자어)　ご主人　ご両親　ご注文　ご案内

練習問題

01 [보기]와 같이 존경동사를 이용해서 경어 표현으로 문장을 바꾸어 보세요.

> [보기] いつ東京に行きますか。 … いつ東京に いらっしゃいますか 。

1. いつ韓国に来ましたか。 … いつ韓国に _____ 。
2. 先生、午後は職員室にいますか。 … 先生、午後は職員室に _____ 。
3. 社長はテニスをしますか。 … 社長はテニスを _____ 。
4. 3時から会議だと課長が言った。 … 3時から会議だと課長が _____ 。

02 [보기]와 같이 「お + 동사의 ます형」을 이용해서 경어 표현으로 문장을 바꾸어 보세요.

> [보기] 先生に会いましたか。 … 先生に お会いになりましたか 。

1. あの製品はもう使いましたか。 … あの製品はもう _____ 。
2. 山村さんに伝えましたか。 … 山村さんに _____ 。
3. 今井さんに書類を渡しましたか。 … 今井さんに書類を _____ 。
4. 何分ぐらい待ちましたか。 … 何分ぐらい _____ 。

03 [보기]와 같이 밑줄 친 부분을 알맞게 바꾸어 문장을 완성하세요.

> [보기] 戻る予定になっています。 … __戻られる__ 予定になっています。

1. どんなお仕事をしていますか。 … どんなお仕事を _____ いますか。
2. 先生、学校をやめたんですか。 … 先生、学校を _____ んですか。
3. 明日、来ますか。 … 明日、_____ 。
4. 9時ごろには帰りますか。 … 9時ごろには _____ 。

04 괄호 안의 어휘를 이용해 우리말 뜻에 알맞은 문장을 만들어 보세요.

1. 야마다 씨가 결혼한 것을 아십니까? [山田さん, 結婚している, ご存じだ]

   … _____ 。

2. 몇 년 정도 교제하셨습니까? [何年ぐらい, 付き合う]

   … _____ 。

3. 전화는 하셨습니까? [電話する]

   … _____ 。

4. 어제 말씀하신 것 말입니까? [昨日, おっしゃる]

   … _____ 。

Unit 40 겸양표현

자신을 낮춤으로써 상대방에게 경의를 나타내는 표현인 겸양표현에는 존경표현과 마찬가지로 4가지 방법이 있다.

1 겸양동사

경의의 의미를 가장 강하게 나타낼 수 있는 표현이다. 역시 몇 가지 동사에 한정되어 있으므로 외우면 된다.

일반동사		존경동사	일반동사		존경동사
行く	→	まいる	くる	→	まいる
いる	→	おる	言う	→	申す/申し上げる
知る	→	存じる	食べる	→	いただく
見る	→	拝見する	会う	→	お目にかかる
する	→	いたす	あげる	→	さしあげる
訪ねる・聞く	→	うかがう	もらう	→	いただく

- 近いうちにお宅にうかがいます。 가까운 시일 내에 댁을 찾아뵙도록 하겠습니다.
- 先生からいただきました。 선생님으로부터 받았습니다.

2 お + 동사의 ます형 + する

경의를 나타내는 데 부드러운 어감을 준다. 겸양동사가 있는 동사들은 이 표현은 사용하지 않는 것이 일반적이다.

- 待つ → お待ちする　　駅前でお待ちします。 역에서 기다리겠습니다.
- 待たせる → お待たせする　　お客様、お待たせしました。 손님, 오래 기다리셨습니다.
- 持つ → お持ちする　　重そうですね。私がお持ちします。
  무거울 것 같네요. 제가 들어 드리겠습니다.
- 送る → お送りする　　明日までにお送りします。 내일까지 보내 드리겠습니다.
- 話す → お話しする　　先生、お話ししたいことがあるんですが。
  선생님, 말씀드리고 싶은 것이 있는데요.
- 手伝う → お手伝いする　　お手伝いしましょうか。 도와 드릴까요?

3 사역형(せる・させる) + て + いただく

자신이 무언가를 하고자 할 때 쓰는 겸양표현으로, 매우 정중한 느낌을 주므로 상사나 선생님, 업무상 만난 외부 사람에 대해서도 안심하고 사용할 수 있는 표현이다.

- 今から自己紹介をさせていただきます。 지금부터 자기 소개를 하겠습니다.
- では、発表させていただきます。 그럼, 발표하도록 하겠습니다.
- お言葉に甘えて、帰らせていただきます。 말씀하신 대로, 돌아가도록 하겠습니다.

練習問題

01 [보기]와 같이 겸양동사를 이용해서 경어 표현으로 문장을 바꾸어 보세요.

> [보기] まもなく到着します。 → まもなく 到着いたします 。

1 せっかくですから、遠慮なく食べます。 → せっかくですから、遠慮なく＿＿＿＿＿。
2 写真を見ました。 → 写真を＿＿＿＿＿。
3 私から言います。 → 私から＿＿＿＿＿。
4 社長なら今いません。 → 社長なら今＿＿＿＿＿。
5 お名前は知っています。 → お名前は＿＿＿＿＿。

02 [보기]와 같이 밑줄 친 부분을 알맞게 바꾸어 문장을 완성하세요.

> [보기] 本日の予定を知らせましょう。 → 本日の予定を お知らせいたしましょう 。

1 タクシーを呼びましょう。 → タクシーを＿＿＿＿＿。
2 手伝いましょう。 → ＿＿＿＿＿。
3 私が持ちましょう。 → 私が＿＿＿＿＿。
4 私が貸しましょう。 → 私が＿＿＿＿＿。

03 다음 회화문의 밑줄 친 부분을 존경표현, 겸양표현으로 알맞게 바꾸어 보세요.

A: はい、韓国物産のキム¹です。 → [＿＿＿＿＿]

B: もしもし。日本物産の中村ですけど、イ課長²いますか。 → [＿＿＿＿＿]

A: 少々³待ちなさい。 → [＿＿＿＿＿]

申し訳ありませんが、今は⁴いません。 → [＿＿＿＿＿]

B: 何時ごろ、⁵戻りますか。 → [＿＿＿＿＿]

A: 7時ごろには戻ると思います。

B: では7時ごろにまた⁶電話します。 → [＿＿＿＿＿]

Chapter 7

부사

알아 봅시다! 부사

Q 부사란 뭔가요?

A 부사란 동사, 형용사를 수식하여 동작이나 상태, 모양, 정도, 또는 화자의 기분을 나타낼 때 쓰이는 품사를 말합니다. 활용을 하지 않는 자립어로 문장에서 주어가 되지는 않고 오로지 용언(동사, 형용사)을 수식하는 형태로만 쓰이고 있습니다. 또한 우리가 잘 알고 있는 의성어와 의태어도 바로 부사의 한 종류랍니다.

Q 너무 어려운 것 같아요. 예를 들어 설명해 주세요.

A 그럼 문장을 예로 들어 볼까요?

- 必ず勝つようにします。 **반드시** 이기도록 하겠습니다. (동사를 수식)
- ちっとも面白くない。 **조금도** 재미있지 않아. (형용사를 수식)
- 彼の演奏はたいへん立派でした。 그의 연주는 **매우** 훌륭했습니다. (형용사를 수식)
- それはずっと昔のことです。 그것은 **훨씬** 옛날 일입니다. (명사를 수식)

위의 문장에서 보듯이 부사는 동사, 이형용사, 나형용사를 수식하고 있으며, 일부 명사도 수식하고 있는 것을 알 수 있습니다.

Q 부사를 왜 알아야 하나요?

A 우리말로 생각해 볼까요? "날씨가 춥습니다"라는 단순한 문장보다 춥다는 것을 더욱 강조하기 위해서 '매우, 상당히, 꽤'라는 부사를 넣으면, 추위가 어느 정도인지 그 수위를 보다 확실하게 알 수가 있죠. 이처럼 부사를 쓰면 말하고자 하는 내용이 더욱 확실하게 느껴지므로, 화자가 생각하는 기분이나 느낌을 좀 더 구체적이고 분명히 전달할 수가 있습니다.

Q 종류가 나누어져 있나요?

A 보통 상태부사, 정도부사, 진술부사의 세 가지로 나누고 있습니다. 그러나 여기에서는 필요할 때 바로 쓸 수 있도록 오십음도 순서로 나누어 정리하였으므로, 편리하게 찾아서 쓸 수 있을 것입니다.

Unit 41 부사의 종류와 쓰임 (1)

1 あ행

- **あいかわらず**
  何年もたっても君はあいかわらずだね。 몇 년이 지나도 너는 여전하구나.

- **あまり**
  思ったよりあまり面白くありませんでした。 생각했던 것보다 별로 재미있지 않았어요.

- **あまりにも**
  あまりにも疲れていたので寝てしまった。 너무나도 피곤해서 자고 말았다.

- **思わず**
  嬉しくて思わず飛び上がってしまいました。 기뻐서 나도 모르게 펄쩍 뛰어올랐다.

- **いくら**
  いくら頑張っても成績が上がりません。 아무리 열심히 해도 성적이 오르지 않아요.

- **以前**
  以前、家族と一緒にここに来たことがあります。
  이전에 가족과 함께 여기에 온 적이 있어요.

- **いつか**
  いつかみんな笑える日が来るだろう。 언젠가 모두 웃을 수 있는 날이 오겠지.

- **うっかりして**
  うっかりして母からもらった大事な物を無くしました。
  무심코 엄마에게서 받은 소중한 물건을 잃어버리고 말았습니다.

- **遅かれ早かれ**
  遅かれ早かれ人はみんな死ぬものだ。 늦든 이르든 인간은 모두 죽게 되어 있다.

- **おそらく**
  おそらくみんな知っているだろう。 아마 모두 알고 있겠지.

- **思い切って**
  思い切って彼女に告白しようと思います。 큰맘 먹고 그녀에게 고백할까 합니다.

2 か행

- **かならず**
  約束はかならず守るようにしてください。 약속은 반드시 지키도록 해 주세요.

- **かなり**
  成績がかなりよくなってきましたね。 성적이 상당히 좋아졌네요.

- **きっと**
  彼はきっと分かってくれるでしょう。 그는 분명 알아줄 거예요.

- **急に**
  昨日から急に寒くなりましたね。 어제부터 갑자기 날씨가 추워졌네요.

- **決して**
  私はこの日を決して忘れないだろう。 나는 이 날을 결코 잊을 수 없을 것이다.

- **偶然**
  高校時代の友達と偶然道で出会いました。 고등학교 때 친구와 우연히 길에서 만났습니다.

- **このあいだ**
  このあいだ、先生に会っていろいろとアドバイスをいただきました。
  요전에 선생님을 만나서 여러가지로 조언을 받았습니다.

- **今度**
  では、また今度会いましょう。 그럼 다음에 또 만납시다.

3 さ행(上)

- **さっき**
  さっき「中村」という人から電話がありました。
  아까 나카무라라는 사람에게서 전화가 왔습니다.

- **最近**
  最近、私が読んだ本の中でこれが一番よかったです。
  최근에 내가 읽은 책 중에서 이것이 가장 좋았습니다.

- **仕方なく**
  コンサートのチケットが売り切れになって仕方なくあきらめました。
  콘서트 티켓이 매진이 되어서 하는 수 없이 포기했습니다.

- **しばらく**
  しばらくここにいるつもりです。 잠시 여기에 있을 생각입니다.

- **じっと**
  暑いから今日は家でじっとしていた方がいいよ。
  더우니까 오늘은 집에서 꼼짝않고 있는 것이 좋아요.

104 Chapter 7 부사

練習問題

01 빈칸에 알맞은 부사를 넣어 문장을 완성하세요.

1 아까 회의실에 왔던 사람은 누구입니까?　　＿＿＿＿＿＿会議室に来た人はだれですか。

2 자기 전에는 꼭 이를 닦아 주세요.　　寝る前には＿＿＿＿＿＿歯を磨いてください。

3 아무리 물어도 그는 대답해 주지 않습니다.　　＿＿＿＿＿＿聞いても彼は答えてくれません。

4 요전에 윤 씨의 형님을 공항에서 만났습니다.　　＿＿＿＿＿＿ユンさんのお兄さんに空港で会いました。

02 [보기]에서 문맥에 어울리는 부사를 찾아 빈칸을 채워 보세요.

[보기]	あまり	仕方なく	思い切って	きっと

1 彼は勉強には＿＿＿＿＿＿興味がないようです。

2 持っているお金を全部使ってしまって＿＿＿＿＿＿歩いて帰りました。

3 ＿＿＿＿＿＿キムさんも来ると思いますよ。

4 自信はないけど＿＿＿＿＿＿やってみます。

03 괄호 안에서 문맥상 알맞은 부사를 고르세요.

1 運動には [けっして / あまり] 興味がありません。

2 叱られると思って何も言わないで [じっと / きゅうに] していました。

3 彼女の第一印象は [今度 / かなり] つよかったです。

4 [いつか / しばらく] 一度ぐらいは日本に行ってみたいです。

04 괄호 안의 어휘를 이용해 우리말 뜻에 알맞은 문장을 만들어 보세요.

1 요즘 달걀 다이어트가 유행하고 있다고 합니다. [たまごダイエット, はやっているそうです]

　＿＿＿＿＿＿＿＿＿＿＿＿＿＿＿＿＿＿＿＿＿＿＿＿＿＿＿＿＿＿＿＿＿＿。

2 시험에 붙어서 나도 모르게 소리를 질렀습니다. [試験, 受かる, さけぶ]

　＿＿＿＿＿＿＿＿＿＿＿＿＿＿＿＿＿＿＿＿＿＿＿＿＿＿＿＿＿＿＿＿＿＿。

3 너무나도 맛있어서 두 그릇이나 먹었습니다. [2杯, おいしい, 食べる]

　＿＿＿＿＿＿＿＿＿＿＿＿＿＿＿＿＿＿＿＿＿＿＿＿＿＿＿＿＿＿＿＿＿＿。

4 늦든 빠르든 연락 주세요. [連絡]

　＿＿＿＿＿＿＿＿＿＿＿＿＿＿＿＿＿＿＿＿＿＿＿＿＿＿＿＿＿＿＿＿＿＿。

Unit 42 부사의 종류와 쓰임 (2)

1 さ행(下)

- **じゅうぶんに**
  彼が納得できるくらいじゅうぶんに説明しました。
  그가 납득할 수 있을 정도로 **충분히** 설명했습니다.

- **少なくとも**
  基礎文法を終えるには少なくとも 4ヶ月はかかると思います。
  기초문법을 끝내는 데에는 **적어도** 4개월은 걸린다고 생각합니다.

- **すぐ**
  仕事が終わったらすぐ連絡します。 일이 끝나면 **곧** 연락하겠습니다.

- **ずっと**
  夏休みにはずっと祖母の田舎にいました。 여름방학에는 **쭉** 할머니네 시골에 있었습니다.

- **ずいぶん**
  これはずいぶん高いもののようですね。 이것은 **꽤** 비싼 물건인 것 같네요.

- **ぜひ**
  ぜひお話したいことがありますが。 **꼭** 말씀드리고 싶은 것이 있습니다만.

- **全部**
  ほしかったらこれ全部持って行ってもいいですよ。
  가지고 싶으면 이것 **전부** 가져가도 돼.

- **そのうち**
  そのうちまた会いましょう。 **가까운 시일 안에** 또 만납시다.

- **そっと**
  遅く帰って玄関をそっと開けて入った。 늦게 집에 가서 현관을 **살짝** 열고 들어갔다.

2 た행

- **たちまち**
  このバッグは人気があってたちまち売り切れた。
  이 백은 인기가 많아서 **순식간에** 다 팔렸다.

- **たった今**
  たった今インチョン空港に着いたところです。 **지금 막** 인천공항에 도착했습니다.

- **たくさん**
  こんなにたくさん食べられません。 이렇게 **많이** 못 먹습니다.

- **たまに**
  たまには顔を出してください。 **가끔은** 얼굴 좀 내미세요.

- **だんだん**
  この番組、面白かったのにだんだんつまらなくなりますね。
  이 프로그램, 재미있었는데 **점점** 시시해 지네요.

- **ちょっと**
  ちょっとしょっぱいけど、おいしいですね。 **조금** 짜지만 맛있네요.

- **ちっとも**
  彼は怖い映画はちっとも見ようとしません。
  그는 무서운 영화는 **조금도** 보려고 하지 않아요.

- **つい**
  お酒を飲んで、つい内緒の話を言ってしまった。 술을 마시고 **그만** 비밀을 말하고 말았다.

- **できれば**
  できれば 8時前に着くようにお願いします。 **가능하면** 8시 전에 도착하도록 부탁드립니다.

- **とうとう**
  とうとう夏休みが終わってしまいました。 **결국** 여름방학이 끝나고 말았습니다.

- **特に**
  この小説は特にこの部分が面白いんですよ。 이 소설은 **특히** 이 부분이 재미있어요.

- **とても**
  上海はとてもにぎやかでおしゃれな所でした。 상해는 **매우** 번화하고 멋진 곳이었습니다.

- **突然**
  彼は突然仕事を投げ出してどこかへ消えた。 그는 **돌연** 일을 집어던지고 어딘가로 사라졌다.

- **どんどん**
  日本に留学に行く学生数がどんどん増えています。
  일본으로 유학을 가는 학생수가 **자꾸자꾸** 늘고 있습니다.

- **どうか**
  どうかこちらにいらしてください。 **부디** 이쪽으로 와 주십시오.

- **どうせ**
  急いでもどうせ遅刻でしょうからゆっくり行きましょう。
  서둘러 봤자 **어차피** 지각일 테니까 천천히 갑시다.

- **どうしても**
  どうしてもタバコがやめられません。 **도저히** 담배를 끊을 수가 없습니다.

練習問題

01 빈칸에 알맞은 부사를 넣어 문장을 완성하세요.

1. 일본어로 일기를 써서 점점 능숙해지고 있습니다.
   日本語で日記を書いているので＿＿＿＿＿上手になっています。

2. 아버지의 바지 주머니에 편지를 살짝 넣고 집을 나왔다.
   父のズボンのポケットに手紙を＿＿＿＿＿入れて家を出た。

3. 시간이 있으시면 꼭 와 주십시오.
   お時間がありましたら＿＿＿＿＿いらしてください。

4. 어제부터 쭉 머리가 아픕니다.
   昨日から＿＿＿＿＿頭が痛いんです。

02 [보기]에서 문맥에 어울리는 부사를 찾아 빈칸을 채워 보세요.

[보기] 突然　　　ちっとも　　　どんどん　　　とうとう

1. たくさん作ってありますから＿＿＿＿＿食べてください。
2. ＿＿＿＿＿ある人に電話番号を聞かれて困ったことがあります。
3. ＿＿＿＿＿別れの時間がやってきました。

03 괄호 안에서 문맥상 알맞은 부사를 고르세요.

1. 内緒だったのに [つい / ちっとも] 言ってしまいました。
2. [特に / そっと] 日本料理には自信があります。
3. すみませんが [つい / 全部] 話してくださいませんか。
4. そんな話は [たちまち / ちっとも] 面白くありませんよ。
5. [とても / どうせ] やるなら楽しくやりましょう。

04 괄호 안의 어휘를 이용해 우리말 뜻에 알맞은 문장을 만들어 보세요.

1. 피곤해서 그만 지하철에서 자고 말았어요. [疲れる, 地下鉄, 寝る]
   → ＿＿＿＿＿＿＿＿＿＿＿＿＿＿＿＿＿＿＿＿＿＿＿。

2. 그는 약속 한 시간 전에 돌연 예약을 취소했다. [約束, 予約をキャンセルする]
   → ＿＿＿＿＿＿＿＿＿＿＿＿＿＿＿＿＿＿＿＿＿＿＿。

3. 가능하면 혼자서 와 주세요. [一人で, 来る, ください]
   → ＿＿＿＿＿＿＿＿＿＿＿＿＿＿＿＿＿＿＿＿＿＿＿。

4. 도저히 술을 끊을 수가 없습니다. [お酒をやめる]
   → ＿＿＿＿＿＿＿＿＿＿＿＿＿＿＿＿＿＿＿＿＿＿＿。

Unit 43 부사의 종류와 쓰임 (3)

1 な행

- **なかなか**　色もいいし、値段も安いし、なかなかいいものですね。
  색도 좋고, 가격도 싸고, 꽤 좋은 물건이네요.
- **にっこり**　赤ちゃんがにっこり笑ってくれた。　갓난아이가 빙긋 웃어 주었다.
- **なんとなく**　デザインもいいのになんとなく気に入らない。　디자인도 좋은데 어쩐지 마음에 안 들어.

2 は행

- **はっきり**　よく聞こえません。はっきり言ってください。　잘 안들려요. 확실히 말해 주세요.
- **ほとんど**　お酒は好きですが一人ではほとんど飲みません。
  술은 좋아하지만 혼자서는 거의 안 마십니다.
- **非常に**　「キムチ」は世界的にも非常によく知られた食べ物です。
  김치는 세계적으로도 상당히 잘 알려져 있는 음식입니다.
- **別に**　私の彼氏は心が広いから、そんなささいな事は別に気にしません。
  나의 남자친구는 마음이 넓어서 그런 사소한 일은 별로 신경쓰지 않습니다.

3 ま행

- **まず**　まず、1番から10番まで中に入ってください。　우선, 1번부터 10번까지 안으로 들어가요.
- **まったく**　これはまったく話になりません。　이것은 전혀 말이 되지 않습니다.
- **前もって**　チケットは前もって買っておいたほうがいいと思います。
  티켓은 미리 사두는 쪽이 좋습니다.
- **もう**　もう8時ですね。そろそろ帰ろうかな。　벌써 8시네요. 슬슬 집에 갈까.
- **もし**　もしあなたが透明人間なら何がしたいですか。
  만일 당신이 투명인간이라면 무엇을 하고 싶습니까.
- **もしかすると**　もしかすると今日、だれも来ないかも知れません。
  어쩌면 오늘 아무도 안올지도 모릅니다.
- **最も**　あなたの人生にとって最も大切なものは何ですか。
  당신의 인생에 있어서 가장 소중한 것은 무엇입니까?

4 や행

- **やっと**　辞書をひいてみて、あの言葉の意味がやっと分かった。
  사전을 찾아보고 나서 그 단어의 의미를 겨우 알게 되었다.
- **ゆっくり**　あとでゆっくり話しましょうか。　나중에 천천히 이야기할까요?
- **よちよち**　赤ちゃんがよちよち歩いています。　갓난아이가 아장아장 걷고 있습니다.

5 わ행

- **わざと**　わざとしたんじゃありません。　일부러 그런 거 아니에요.
- **わざわざ**　彼がわざわざ遠くから来て引越しを手伝ってくれました。
  그가 일부러 멀리서 와서 이사를 도와주었습니다.
- **割合**　ここは割合安くていいですね。　여기는 비교적 싸고 좋네요.

> 참고_「わざと」쪽이 다소 부정적인 의도의 뉘앙스를 지닌다.

練習問題

01 빈칸에 알맞은 부사를 넣어 문장을 완성하세요.

1 친구의 결혼식에 가기 위해 일부러 일본에서 왔습니다.
  友達の結婚式に行くために _____ 日本から来ました。

2 만일 내일, 비가 온다면 피크닉은 취소입니다.
  _____ 明日、雨が降ったらピクニックはキャンセルです。

3 자신의 의견을 확실히 전하는 쪽이 좋다고 생각합니다.
  自分の意見を _____ 伝えたほうがいいと思います。

4 꽤 많은 사람이 모였군요.
  _____ たくさんの人が集まりましたね。

02 [보기]에서 문맥에 어울리는 부사를 찾아 빈칸을 채워 보세요.

[보기] ほとんど　　もしかすると　　まず　　まったく　　前もって

1 _____ 言ってくれたらよかったのに…。
2 彼のことは _____ 信用できません。
3 _____ 持ってくるかもしれません。

03 괄호 안에서 문맥상 알맞은 부사를 고르세요.

1 キム先輩は私を見て [はっきり / にっこり] 笑ってくれました。
2 静かだし、雰囲気もいいし [もっとも / なかなか] いい店ですね。
3 毎日練習をして [やっと / わざわざ] 運転ができるようになりました。
4 [もしかすると / べつに] おいしくもないのに高いですね。
5 その映画を見て [もし / 非常に] 感動しました。

04 괄호 안의 어휘를 이용해 우리말 뜻에 알맞은 문장을 만들어 보세요.

1 부하는 상사를 위해 일부러 게임에 졌다. [部下, 上司, ために, ゲーム, 負ける]
  ↪ _____。

2 오늘은 어쩐지 술이 마시고 싶네요. [今日, お酒, 飲む]
  ↪ _____。

3 그것이 벌써 2년 전의 일이네요. [それ, 2年前, こと]
  ↪ _____。

4 어쩌면 전원 일본에 갈 수 있을지도 몰라요. [全員, 行ける, かもしれない]
  ↪ _____。

Chapter 8

접속사, 조사

알아 봅시다! 조사와 접속사

Q 조사란 뭔가요?

A 영어에 '전치사'가 있죠? 한국어와 일본어에는 '조사'가 있습니다.
조사는 어떠한 어휘를 문장의 특정 요소로 만들어 주거나, 다른 어휘들 간의 관계를 형성해 주거나, 특정 의미를 부여해 주는 역할을 합니다.
다른 어휘에 접속해서 쓰이기 때문에 자립해서 쓰일 수 없고, 문법적 활용도 하지 않습니다.

Q 조사의 종류에는 어떤 것들이 있나요?

A 조사에는 크게 격조사, 부조사, 접속조사, 종조사가 있답니다.
① 격조사: 체언에 접속하여 문장성분을 결정해 준다. (주격, 목적격, 소유격 등)
② 부조사: 체언, 용언 등에 접속하여 부사와 같은 의미를 가진다.
③ 종조사: 문장, 말 끝에 접속하여 말의 분위기를 이끌어 낸다.
④ 접속조사: 용언, 조동사 등에 접속하여 앞뒤 문장을 연결해 주는 역할을 한다.

Q 접속사란 뭔가요?

A 문장과 문장, 단어와 단어, 말과 말을 연결해 주는 역할을 하는 품사를 말합니다. 두 문장의 관계에 따라 순접, 역접, 이유/원인, 조건, 결과 등으로 종류를 나눌 수 있습니다.

Unit 44 接続詞

1 첨가

> それから 그리고, 그런 다음에 | そして 그리고 | おまけに 게다가, 뿐만 아니라 | その上(に), それに 게다가, 더군다나 | しかも 게다가, 더구나 | なお 게다가

- 雨が降っている。**その上**、風も強い。 비가 오고 있다. **게다가**, 바람도 강하다.
- まずぶどうを洗って、**それから**皮をむいてください。 먼저 포도를 씻고, **그런 다음에** 껍질을 벗겨 주세요.

2 선택

> あるいは 또는, 혹은 | それとも 그렇지 않으면 | もしくは 혹은 | または 또는

- キム先生が行くか、**あるいは**私が行くから心配しないで。 김 선생님이 가거나, **혹은** 내가 갈 테니 걱정 마.
- 映画を見ようか、**それとも**お酒を飲もうか。 영화를 볼까, **그렇지 않으면** 술을 마실까?

3 화제전환

> それでは, じゃ 그러면, 그럼 | ところで 그런데 | さて 자, 그런데

- **ところで**、試験はいつなんだっけ？ **그런데**, 시험이 언제였더라?
- もう9時ですね。**じゃ**、そろそろ行きましょうか。 벌써 9시네요. **그럼**, 슬슬 가 볼까요?

4 원인, 이유

> それで, そこで, そうして 그래서, 그런 연유로 | なぜならば 왜냐하면 | だから, ですから 그러니까, 때문에 | したがって 따라서 | 故に 고로 | ゆえに 그러므로, 고로

- こう見えても、このかばん高級品だ。**したがって**、価格も高いんだ。 이렇게 보여도, 이 가방은 고급품이다. **고로**, 가격도 비싼 것이다.
- 昨日、佐藤さんとけんかしたの。**なぜなら(ば)**、…。 어제 사토 씨와 다퉜어. **왜냐하면**…

5 역접

> しかし 그러나 | でも 하지만, 그래도 | が ~지만, 그러나 | それでも, それなのに 그런데도 | けれども, だけど, けど 그렇지만, 그러나

- 彼女は恋人と別れた。**それでも**絶対泣かなかった。 그녀는 연인과 헤어졌다. **그런데도** 절대 울지 않았다.
- キムさんは顔はかわいい。**けど**、性格が悪い。 김 씨는 얼굴이 귀엽다. **그렇지만** 성격이 나쁘다.

6 병렬, 대등

> および, ならびに, また, ないし ~및, ~과, ~와

- 韓国**および**日本からの観光客が一番多かった。 한국 **및** 일본에서 온 관광객이 제일 많았다.

7 부연설명

> つまり 즉, 다시 말해 | たとえば 예를 들면 | すなわち 즉, 바로, 말하자면 | ただし 단, 그러나

- 私は大きい花がすきなんだ。**たとえば**、ヒマワリとか…。 나는 커다란 꽃이 좋다. **예를 들면**, 해바라기라든지….
- これが**すなわち**正義と言う名のシンボルだ。 이것이 **말하자면** 정의라는 이름의 상징이다.

練習問題

01 [보기]에서 빈칸에 알맞은 접속사를 골라 넣어 보세요.

[보기]	それから	そして	それに	または	なぜならば	ところで
	それでは	したがって	しかし	たとえば	それなのに	

1 먼저, 숙제를 했습니다. 그런 다음에 텔레비전을 봤습니다.
　まず、宿題をしました。_____ テレビを見ました。

2 아무도 없었다. 따라서 그것을 본 사람은 나뿐이다.
　誰もいなかった。_____ それを見た人は私だけなんだ。

3 가이드북을 샀습니다. 그리고 티켓도 예약했습니다.
　ガイドブックを買いました。_____ チケットも予約しました。

4 물건은 품질이 좋습니다. 하지만 가격이 너무 비쌉니다.
　品物は品質がいいですね。_____ 値段が高すぎます。

5 저 사람은 야마다 씨의 애인일지도 모른다. 왜냐하면 야마다 씨의 사진을 가지고 있으니까.
　あの人は山田さんの恋人かもしれない。_____ 山田さんの写真を持っているからだ。

6 그녀는 정말 예쁜데. 그런데도 인기가 없는 것은 왜일까?
　彼女はとてもきれいだね。_____ 人気がないのは何でだろう。

7 서둘러야 해. 특급열차로 가자. 또는 비행기도 좋겠네.
　急がなきゃ。特急列車で行こう。_____ 飛行機でもいいね。

8 그녀는 정말 예쁜데. 게다가 키도 커.
　彼女は本当にきれいだね。_____ 背も高い。

9 추우니까 따뜻한 것을 먹고 싶은걸. 예를 들면 라면이라든가 우동 같은….
　寒いから暖かいものが食べたいな。_____ ラーメンとかうどんとか…。

10 정말로 감사했습니다. 그러면 서울에서 또 만납시다.
　本当にありがとうございました。_____ またソウルで会いましょう。

11 벌써 3시네요. 그런데 모두 식사는 하셨습니까?
　もう3時ですね。_____ みんな食事はしましたか。

Unit 45 조사(오십음도 순 정리)

- **か**

1) [종조사] '~입니까, ~인가' : 문장 끝에 접속하여 의문, 감탄, 감동의 의미를 나타낸다.
   - そろそろ行きましょうか。 슬슬 갈까요?
   - ああ、今日も雨か。 아아, 오늘도 비인가.

2) [부조사] '~인가, ~인지' : 의문사 뒤에서 불확실한 점을 나타내거나, 불명확한 행동의 여부를 나타낸다.
   - 何か(뭔지), だれか(누군지), いつか(언젠가), どこか(어딘가), どれか(어느 건지), なぜか(왠지)
   - 行くかどうかまだ決めてないです。 갈지 말지 아직 결정하지 않았습니다.

- **が**

1) [격조사] '~이 / 가 / 을 / 를' : 명사 뒤에 와서 주어, 목적어를 나타낸다. (뒤에는 기호, 능력, 가능 서술어가 온다.)
   - あれが63ビルです。 저것이 63빌딩입니다.
   - カタカナが読めますか。 카나카나를 읽을 수 있습니까?

2) [접속조사] '~(지)만' : 상반되는 의미의 두 개의 문장이 연결될 때 역접의 접속조사로 쓰인다.
   - すこし暑いですが、いい天気ですね。 조금 덥지만, 화창한 날씨네요.

3) [종조사] '~인데, 입니다만' : 말의 여운을 남기거나, 화두를 제시할 때 쓰인다.
   - ちょっと聞きたいことがありますが…。 조금 물어보고 싶은 게 있는데요….
   - 昨日、遊園地に行きましたが、本当に込んでいました。 어제 유원지에 갔는데, 정말 붐볐습니다.

- **かしら**

1) [종조사] '~일까, 할까' : 여성들이 많이 사용하는 말로 의문을 남기는 어조이다.
   - この帽子私に似合うかしら。 이 모자 나한테 어울릴까 몰라.

2) [부조사] '~인지 몰라도' : 의문 부조사 「か」에 「しら」가 접속된 형태.
   - キムさんの家に行けば、いつも何かしら置いてある。 김 씨의 집에 가면 항상 뭔지 몰라도 무언가 놓여져 있다.

- **から**

1) [격조사] '~에서, ~부터, ~(으)로, ~이상' : 시작, 출발점, 출처 및 재료, 수단을 설명할 때 쓰인다.(재료의 성질이 변형된다는 점이 「で」와 다르다) 숫자에 접속하면 그 수를 넘는다는 의미이다.
   - 2時からずっと待っている。 두 시부터 계속 기다리고 있다.
   - チーズは牛乳から作るんだ。 치즈는 우유로부터 만든다.
   - その店のかばんって、たいてい10万円からするの。 저 가게의 가방이라면, 대체로 (가격이) 10만엔부터야.

2) [접속조사] '~이어서, ~이니까' : 원인, 이유를 설명한다.
   - お金はたくさんあるから、心配しないで。 돈은 많이 있으니까, 걱정하지 마.

● **くらい**

[부조사] '~정도, ~가량, ~쯤, ~만큼' : 수나 양, 정도를 나타낸다.
- バスでどのくらいかかりますか。 버스로 얼마 **정도** 걸립니까?

● **けど(けれど・けれども)**

1) [접속조사] '~(지)만' : 상반되는 의미의 두 개의 문장이 연결될 때 역접의 접속조사로 쓰인다.
   - 明日は日曜日ですけれども、会社に行かなければなりません。 내일은 일요일이지**만**, 회사에 가지 않으면 안 됩니다.
2) [종조사] '~인데, ~입니다만' : 말의 여운을 남기거나, 화두를 제시할 때 쓰인다.
   - 私が木村ですけど…。 제가 키무라입니다**만**….

● **さえ**

1) [부조사] '~까지, ~조차' : 극단적인 예를 들거나, 첨가의 의미를 나타낸다.
   - 疲れて、食べることさえ面倒だ。 지쳐서, 먹는 것**조차** 귀찮다.
2) [부조사] '~만 …하면' : 뒤에 가정형이 와서 오직, 유일무이함을 강조한다.
   - あなたさえいれば、何もいらない。 당신**만** 있다면, 아무 것도 필요없다.

● **し**

[접속조사] '~인데다가, 게다가, ~(하)고' : 점층법으로 문장을 연결할 때 쓰이며, 근거나 이유를 말하는 경우에도 쓰일 수 있다.
- 彼は頭もいいし、お金もたくさんあるし…。 그는 머리도 좋**고**, 돈도 굉장히 많**고**….
- もう、お腹もすいたし、今日はこれで帰ろう。 이제, 배도 고파졌**겠다**, 오늘은 이걸로 그만 돌아가자.

● **しか**

[부조사] '~밖에' : 오직, 유일무이함을 설명한다. '~밖에 …지 않다'의 형태로 뒤에 부정문이 온다.
- あの先生は塩ラーメンしか食べない。 저 선생님은 시오라멘(소금으로 맛을 낸 국물이 맑은 일본 전통라멘)**밖에** 먹지 않는다.

● **ずつ**

[부조사] '~씩' : 분량, 정도를 나타낸다.
- サンドイッチと牛乳を三つずつください。 샌드위치와 우유를 세 개**씩** 주세요.

● **すら**

[부조사] '~조차' : 극단적인 예를 들 때 쓰이며, 「さえ」와는 달리 가정형에 쓸 수 없다.
- その問題は子供ですら解決できる。 그 문제는 아이들**조차** 해결할 수 있다.

● だけ

[부조사] '~만, ~만큼' : 수, 양, 정도, 범위를 지정한다.
- 私はこれ一つ**だけ**でいいの。　나는 이거 하나**만**으로 충분해.
- お金のことは気にしないで、好きな**だけ**食べてね。　돈 걱정은 하지 말고, 먹고 싶은 **만큼** 먹어.
- 練習したらした**だけ**、よくなるよ。　연습하면 하는 **만큼**, 좋아져.

● たって

[부조사] '(아무리) ~라 해도 / 해 봤자, ~인들'
- いくら聞い**たって**わからないから、直接見たほうがいいよ。　아무리 들어 **봤자** 모르니까, 직접 보는 쪽이 나아.

● だって

1) [부조사] '~또한, ~조차, ~든지, ~도(라도)' : 첨가, 나열의 의미를 지닌다.
   - そんなことは私**だって**、したくないですよ。　그런 것은 나**도**, 하고 싶지 않아요.
   - その結果は誰**だって**知っている。　그 결과는 누구**라도** 알고 있다.

● たりとも

[부조사] '~일지라도, ~이더라도'
- 一円**たりとも**、むだづかいするな。　일엔**이라도**, 낭비하지 말아라.

● っけ

[종조사] '~이었지, ~더라, ~이었던가' : 회상의 의미나 확실치 않은 의문을 남길 때 쓰인다.
- 今日の飲み会、何時からだ**っけ**。　오늘의 회식, 몇시부터였**더라**?

● つつ

[접속조사] '~하면서, ~하고 있는, ~하는 중인' : 동시동작이나 여전히 같은 상태임을 나타낸다.
- お茶を飲み**つつ**、話している。　차를 마시**면서**, 이야기하고 있다.

● って

1) [격조사] '~라고, ~라는, ~라고 하는 것(은)' : 친한 사이에서 회화체로 사용한다.
   - 今でも、「すみません」**って**言ったら、どうですか。　지금이라도, '미안합니다'**라고** 말하는게 어떻습니까.
2) [종조사] '~라고 하더라, ~래, ~라니까'
   - ちょっと待って**って**。　잠깐 기다리**라니까**.

で

1) [격조사] '~으로(써), ~(로)인해, ~에서' : 수단이나 원인, 장소, 범위를 나타낸다.
   - 今日はタクシーで行こうよ。 오늘은 택시로 가자.
   - 彼は東京で働いてるの。 그는 도쿄에서 일하고 있어.
2) [격조사] '~(으)로' : 재료, 원료를 나타낸다. (재료의 성질이 변형되지 않는 점에서 「から」와 다르다)
   - パンで作った家に住みたいです。 빵으로 만든 집에서 살고 싶습니다.
3) [격조사] '~에' : 값이나 시기, 기한을 나타낸다.
   - 今日で、100日目だね。 오늘로, 백일째군요.

と

1) [격조사] '~과 / 와, ~랑' : 열거용법으로 쓰이거나, 동반자, 비교 대상 등을 나타낸다.
   - 佐藤さんと話してみましたが…。 사토우 씨와 이야기해 봤습니다만….
   - プレゼントは花と、ケーキとどちらがいいかな。 선물은 꽃과 케이크 중 어느쪽이 좋을까.
2) [격조사] '~라고' : 전달용법으로 인용문에 쓰인다.
   - 佐藤さんはずっと頭が痛いと言っているね。 사토우 씨는 계속 머리가 아프다고 하고 있어.
3) [격조사] '~처럼, ~같이' : 상태나 변화를 나타낸다.
   - ちりも積もれば山となる。 티끌도 모으면 태산이 된다.
4) [접속조사] '~하니(까), ~하자마자, ~면' : 행동에 대한 결과를 설명하거나 조건을 말할 때 쓰인다.
   - 彼は私の顔を見ると急に怒り出した。 그는 내 얼굴을 보더니 갑자기 성을 냈다.
   - このボタンを押すと、水が出ます。 이 버튼을 누르면 물이 나옵니다.
5) [접속조사] '~든지' : 의지형(よう) 뒤에 붙어서 '~든지 …다'의 의미로 쓰인다.
   - 社長になんと言われようと、気にしない。 사장님이 뭐라고 하든지, 신경쓰지 않는다.

とか

[부조사] '~라든가' : 예를 들거나 열거할 때 쓰인다.
- 私は麺類が好きだな。たとえば、ラーメンとか、そばとか…。
  나는 면류가 좋아. 예를 들면 라면이라든지, 소바라든지….

ところ

[접속조사] '~했더니' : 뒤에 결과를 나타내는 문장이 붙어 결과의 계기를 나타낸다.
- 食べてみたところ、思ったより辛くなかった。 먹어 봤더니. 생각한 것보다 맵지 않았다.

- ## どころか

    [접속조사] '~는 커녕'
    - 今は、車どころか、自転車も買えないよ。 지금은 차는 커녕, 자전거도 살 수 없어.

- ## ところで

    [접속조사] '~해 봤자'
    - 電話してみたところで、留守だろう。 전화해 봤자. 부재중이겠지.

- ## として

    1) [격조사] '~로서' : 자격이나 입장을 나타낸다.
        - 社長として、責任を取らなければならない。 사장으로서. 책임을 지지 않으면 안 된다.
    2) [부조사] '~도' : 뒤에 부정문이 와서 전면적인 부정을 나타낸다.
        - 反対する人は一人として、いなかった。 반대하는 사람은 한 명도 없었다.

- ## な

    1) [종조사] '~(하지)마라' : 금지의 의미를 나타낸다.
        - それは私がするから、心配するな。 그건 내가 할 테니까. 걱정하지 마라.
    2) [종조사] '~해, 하거라' : 「~なさい」의 줄임말로, 명령, 권고를 나타낸다.
        - 中に入りな。 안으로 들어오거라.
    3) [종조사] '~구나, ~네' : 감탄, 소망 등을 나타낸다.
        - 結婚するの？いいな。 결혼하는 거야? 좋겠네.
    4) [종조사] '~하군, ~지' : 가벼운 단정, 주장의 의미를 나타낸다.
        - それでいいな。 그걸로 됐지?

- ## ながら

    1) [접속조사] '~그대로, ~채로'
        - いつもながら、堂々と話していました。 평소대로. 당당하게 이야기하고 있었습니다.
    2) [접속조사] '~하면서' : 동시동작을 나타낸다.
        - ビールでも、飲みながら話そう。 맥주라도 마시면서 이야기하자.
    3) [접속조사] '~이면서도, ~인데, ~지만' : 상반된 상황을 설명할 때 쓰인다.
        - 知っていながら、話してくれない。 알고 있으면서도. 이야기해 주지 않는다.

- **など**
    1) [부조사] '~따위, ~등등' : 예를 들 때 쓰인다.
        - 韓国のお酒には焼酎、トントンジュなどがあります。 한국의 술에는 소주, 동동주 **등**이 있습니다.
    2) [부조사] '~따위' : 부정적인 태도를 나타낸다.
        - うそなど言うもんか。 거짓말 **따위** 할까 보냐.

- **なり**
    1) [접속조사] '~하자마자' : 곧바로 이어지는 동작의 연속을 나타내거나, 어떤 동작이나 상태를 계속하면서도 다른 것을 할 때 쓰인다.
        - 家に帰るなり、テレビをつけた。 집에 돌아오**자마자**, 텔레비전을 켰다.
    2) [부조사] '~라도, ~든지'
        - 不便なことがあれば何なりと言ってください。 불편한 점이 있다면 무엇**이든** 말씀하세요.

- **なんて**

    [부조사] '~라느니, ~라는 등' : 어처구니 없음, 뜻밖임을 나타낸다.
    - いまさら断るなんてありえない。 이제 와서 거절**한다니** 있을 수 없는 일이다.

- **に**
    1) [격조사] '~에, ~를, ~한테' : 장소, 시간, 대상 등을 나타낸다.
        - 彼は今、東京にいます。 그는 지금 도쿄**에** 있습니다.
        - 何時に会いましょうか。 몇시**에** 만날까요?
        - 先生にもらいました。 선생님**에게서** 받았습니다.
    2) [격조사] '~(을 하기)위해, ~하러' : 목표를 나타낸다.
        - コーヒーでも飲みに行きましょうか。 커피라도 마시**러** 갈까요?
    3) [격조사] '~이 / 가, ~으로' : 「なる」, 「する」와 함께 쓰여 변화해 가는 결과를 가리킨다.
        - 彼は、先生になりました。 그는 선생님**이** 되었습니다.
    4) [격조사] '~으로(서)' : 자격, 역할, 위치를 나타낸다.
        - 生活費に10万円をもらった。 생활비**로** 십만엔을 받았다.
    5) [격조사] '~(하)게, ~로' : 동작, 작용이 이루어지는 방법이나 상태를 나타낸다.
        - 上下にゆれている。 아래위**로** 흔들리고 있다.
    6) [접속조사] '~건대'
        - 私が思うに、たぶん彼が犯人じゃないの？ 내가 생각**건대**, 아마 그가 범인이 아닐까?

- ### ね

  [종조사] '~군(요), ~네요' : 감탄, 동조를 나타낸다.
  - 今日、本当にいい天気だね。 오늘은 정말 날씨가 좋**군**.

- ### の

  1) [격조사] '~의' : 소유격의 의미를 나타낸다.
     - これが私の車だ。 이것이 나**의** 차다.
  2) [격조사] '~인' : 동격의 의미를 나타낸다.
     - こちらは私の妹のスジンです。 이쪽은 내 여동생**인** 수진입니다.
  3) [격조사] '~이 / 가' : 연체 수식절 안에서 주격의 의미를 나타낸다.
     - あそこの背の高い人、かっこよくない？ 저쪽의 키**가** 큰 사람, 멋지지 않아요?
  4) [종조사] '~요' : 문장 끝에 와서 부드러운 어조를 표현한다.
     - 私、明日日本に行くの。 나, 내일 일본에 가**요**.
     - あ、そうなの。 아, 그래**요**?

- ### ので

  [접속조사] '~이므로, ~때문에' : 이유나 원인을 설명한다.
  - あの店はおいしいのでいつもにぎやかだ。 저 가게는 맛있기 **때문에** 항상 붐빈다.

- ### のに

  [접속조사] '~에도 불구하고, ~인데도' : 역접이나 원망 등을 나타낸다.
  - また買ったの。お金もないのに…。 또 샀어? 돈도 없**는데**….

- ### は

  [부조사] '~은 / 는' : 서술어의 주어를 나타내거나, 주어를 강조해 준다. (발음은 「ワ」)
  - ウサギの耳は長いの。 토끼 귀**는** 길어요.
  - 料理はあまり上手じゃないけど、カルビはできるよ。 요리는 별로 능숙하지 않지만, 갈비**는** 만들 수 있어요.

- ### ばかり

  1) [부조사] '~가량, ~정도, ~쯤' : 수나 양을 표현한다.
     - 30分ばかり休んだ。 30분 **정도** 쉬었다.
  2) [부조사] '~한 지 얼마 안되는' : 동작이 끝난 지 얼마 지나지 않았음을 표현한다.
     - 買ったばかりなので、まだ読んでいません。 산 **지 얼마 안됐기 때문에**, 아직 읽지 않았습니다.

へ

[격조사] '~에' : 장소나 상대방에 붙어 방향성, 귀착점을 나타낸다. (발음은「エ」)
- ここへおいでよ。 이쪽으로 와요.

ほど

[부조사] '~정도로, ~쯤, ~하면 할수록' : 정도를 비교하거나, 「~ば…ほど」의 형태로 쓰여 한쪽의 정도가 상승함에 따라 다른 쪽도 한층 상승함을 나타낸다.
- まぶしいほど美しいね。 눈부실 정도로 아름다운데.
- 早ければ早いほどいいですね。 빠르면 빠를수록 좋아요.

まで

1) [격조사] '~까지' : 동작, 작용이 미치는 점, 기간을 나타낸다. (기한은 「までに」로 나타낸다.)
   - どこまで行くの？ 어디까지 가?
2) [부조사] '~할 것까지는' : 「~も」의 꼴로 '~할 필요는 없다'는 의미를 강조하여 말한다.
   - わざわざそこに行くまでもないよ。 일부러 저기까지 갈 것까지는 없어.

も

1) [계조사] '~도, ~이나' : 첨가, 강조의 의미를 나타낸다.
   - 実は私も学生です。 사실은 나도 학생입니다.
   - りんごを三つも食べてしまいました。 사과를 세 개나 먹어버렸습니다.
2) [계조사] 「なに」「いつ」「だれ」등의 말에 붙어 전면적 부정을 나타낸다.
   - それは誰も知りませんよ。 그건 아무도 몰라요.

もの

1) [종조사] '~인걸 뭐, ~인걸요' : 주로 여성들의 어투로 쓰인다.
   - だって、まだ子どもですもの。 그렇지만, 아직 아이인걸요.
2) [접속조사] '~이므로, ~이니' : 순접의 의미를 나타낸다.
   - 先生も知らないもの、私が知っているはずないでしょう。 선생님도 모르는데, 내가 알 턱이 없잖아요.

- **や**

    1) [종조사] '~이여, ~(말)이야' : 가벼운 감탄을 나타낸다.
        - まあ、これでいい**や**。 뭐, 이걸로 된 **거야**.
    2) [병렬조사] '~랑, ~과/와, ~라든가' : 병렬, 열거를 나타낸다.
        - 10年前、私の故郷には山**や**川がありました。 10년 전, 나의 고향에는 산**과** 강이 있었습니다.
    3) [접속조사] '~때, ~하자마자' : 「~否や」가 뒤에 붙어 어떤 상태의 발생과 동시에 또 다른 상태가 발생함을 나타낸다.
        - 部屋に入ってくる**や否や**、テレビをつけた。 방에 들어**가자마자**, 텔레비전을 켰다.

- **やら**

    1) [종조사] '~인지, ~는지' : 보통 의문을 나타내는 말과 호응하여 문장 끝에 붙어 말의 여운을 남긴다.
        - この仕事が終わるのはいつのこと**やら**…。 이 일은 대체 끝나는 게 언제**일는지**….
    2) [부조사] '~인가, ~인지' : 의문을 나타내는 말에 붙어 불확실한 의문을 나타낸다.
        - 聞こえないけど、何**やら**ずっと言っているね。 들리지 않는데도, 뭔**가** 계속 말하고 있네.
    3) [병렬조사] '~와, ~랑, ~하며' : 열거의 의미를 지닌다.
        - 結婚の準備で、茶道**やら**、生け花**やら**を習っている。 결혼 준비로, 다도**랑** 꽃꽂이**랑**을 배우고 있다.

- **よ**

    1) [종조사] '~야, ~여' : 직접 부르거나, 가벼운 감탄을 나타낸다.
        - ふるさと**よ**。恋人**よ**。 고향**이여**. 연인**이여**.
    2) [종조사] '~란 말이야, ~예요' : 상대에게 알리는 뜻을 나타낼 때, 특히 명령, 권유, 부탁, 금지의 뜻을 강조할 때 쓰인다.
        - 外に出ないで、今すごい雨が降っている**よ**。 밖에 나가지 마요, 지금 비가 엄청 오고 있**어요**.
        - もう、やめて**よ**。 이제, 그만해**요**.
        - それは私がする**よ**。 그건 내가 할게**요**.

- **より**

    1) [격조사] '~에서, ~부터' : 시간적, 공간적 시작점을 나타낸다.
        - 2番ホーム**より**東京行きが発車します。 2번 홈**에서** 도쿄행 열차가 출발합니다.
    2) [격조사] '~보다' : 비교의 기준을 나타낸다.
        - 木村さん**より**田中さんのほうが背が高い。 키무라 씨**보다** 타나카 씨 쪽이 키가 크다.
    3) [격조사] '~할 수밖에' : '그 외에는 없다'라는 한정의 표현에 쓰인다.
        - 今、行く**より**他にない。 지금은 갈 **수밖에** 없다.

● を

[격조사] '~을 / 를' : 목적격을 나타낸다.
- 最近(さいきん)、アルバイトを始(はじ)めました。 최근, 아르바이트를 시작했습니다.

練習問題

01 [보기]에서 문맥에 어울리는 조사를 찾아 빈칸을 채워 보세요.

> [보기]　の　までに　に　で　から　ね　まで　ぐらい　なら

1 健康＿＿＿＿ために毎日運動をしています。
2 先生のかわり＿＿＿＿私が教えてみます。
3 デパート＿＿＿＿勤めています。
4 彼は日本＿＿＿＿来ました。
5 机は木＿＿＿＿作ります。
6 授業中は英語＿＿＿＿話しましょう。
7 合理的＿＿＿＿考えてください。
8 すべての問題を平和的＿＿＿＿解決したほうがいい。
9 もし仕事をする＿＿＿＿本格的にしたいです。
10 昨日は風邪＿＿＿＿学校を休んでしまいました。
11 会議は3時＿＿＿＿です。
12 9時＿＿＿＿集まってください。
13 3時間＿＿＿＿かかります。
14 今日は地下鉄＿＿＿＿来ました。
15 いいにおいがします＿＿＿＿。

02 괄호 안에서 문맥상 알맞은 조사를 골라 보세요.

1 ジャムは果物 [で / から] 作ります。
2 ここに書いてある住所 [で / に] 移りました。
3 大きすぎて三つ [を / に] 分けました。
4 第二外国語 [を / で] 中国語を選択した。
5 それは私のもの [が / では] ない。
6 今まで聞いた話は全部うそ [が / では] ない。
7 花 [の / に] 咲いた木が私のです。

8 兄は父 [にも / でも] 母 [にも / でも] 似ていません。

9 昨日は先生 [やら / に] 会いました。

10 これは自動車 [にも / でも] 自転車 [にも / でも] ありません。

11 子供のごろから野球選手 [が / に] なりたかったです。

12 やっとご飯の時間 [が / に] なりました。

13 日本語は難しい [と / も] 思います。

14 先生 [に / も] 相談したほうがいいですよ。

15 私の恋人は親切 [で / に]、優しく [て / に]、いつも笑顔です。

03 [보기]와 같이 괄호 안에서 알맞은 조사를 찾아 빈칸에 써 넣으세요.

[보기] 妹は日本___に___すんでいます。　　　　　　　[で / へ / を / に]

1 レポートは水曜日_____出してください。　　　　[までに / までも / までが / まで]

2 最近の子供たちは自分の好きなもの_____食べようとします。
　　　　　　　　　　　　　　　　　　　　　　　　[ながら / しか / ばかり / まで]

3 父は会社_____働いています。　　　　　　　　　[を / で / に / の]

4 兄は銀行_____勤めています。　　　　　　　　　[を / に / で / から]

5 私は毎日日本語の勉強_____しています。　　　　[が / を / と / の]

6 A: ご注文は。
　 B: 私はジュース_____します。　　　　　　　　[で / は / に / と]

7 私の町には幼稚園が100以上_____あります。　　[も / と / の / が]

8 友達を迎え_____空港へ行きます。　　　　　　　[で / も / が / に]

9 塾_____英語を勉強しています。　　　　　　　　[で / に / から / まで]

10 これを全部食べるには1時間_____かかります。　[など / しか / ぐらい / で]

11 この机は木_____作ります。　　　　　　　　　　[で / に / から / だけ]

12 このお酒は米_____作ります。　　　　　　　　　[で / に / ほど / から]

13 誰か来たような気_____しますね。　　　　　　　[で / が / を / は]

14 この店はとなりの店_____高くないです。　　　　[だけ / から / ぐらい / ほど]

04 [보기]와 같이 밑줄 친 부분의 조사를 바르게 고쳐 보세요.

[보기] 日本語をできますか。　→ [が]

1　ここでバス停まであまり遠くないです。　→ [　　]
2　私は歌を好きです。　→ [　　]
3　初めて結婚生活の難しさを分かりました。　→ [　　]
4　お金があれば、何をしたいですか。　→ [　　]
5　銀行から働いています。　→ [　　]
6　10分に走れます。　→ [　　]
7　二つにいくらですか。　→ [　　]
8　学校へ勉強します。　→ [　　]
9　私はアメリカに仕事をしています。　→ [　　]
10　誰かを似ていると言われませんか。　→ [　　]
11　夏休みには友達と旅行を行きます。　→ [　　]
12　バスを乗って家へ帰ります。　→ [　　]
13　たいてい友達を会うと何をしますか。　→ [　　]
14　会社を向かっています。　→ [　　]
15　新聞はどこへありますか。　→ [　　]

05 빈칸에 들어갈 알맞은 조사를 (A) ~ (D) 중에서 골라 보세요.

1　いくら熱くても、ラーメンなら5分＿＿＿＿食べられます。
　(A) ぶりに　　(B) も　　(C) で　　(D) ぐらい

2　何＿＿＿＿いう動物ですか。
　(A) と　　(B) で　　(C) に　　(D) の

3　台風＿＿＿＿車が壊れました。
　(A) で　　(B) の　　(C) や　　(D) とか

4 明日は試験な_____今日はあなたと遊べない。
　(A) から　　(B) で　　(C) ので　　(D) の

5 会議は何時に始まる_____知っていますか。
　(A) が　　(B) か　　(C) を　　(D) と

6 雨は降っています_____寒くないです。
　(A) が　　(B) か　　(C) でも　　(D) ので

7 あの店は不親切だ_____料理もまずいです。
　(A) が　　(B) に　　(C) し　　(D) から

8 山田さんは勉強もできる_____ピアノも上手ですね。
　(A) で　　(B) ながら　　(C) ば　　(D) し

9 歩き_____電話をかけないでください。
　(A) ながら　　(B) ので　　(C) のに　　(D) と

10 今日は約束がある_____お先に失礼します。
　(A) はずで　　(B) のに　　(C) つもり　　(D) ので

11 主人は39度も熱がある_____会社に行きました。
　(A) のに　　(B) ので　　(C) から　　(D) で

12 この町は静かできれいな_____すみやすいです。
　(A) から　　(B) で　　(C) のに　　(D) ので

13 私の彼はやさしい_____、頭もいい_____、性格もいいです。
　(A) とか、とか　　(B) たり、たり　　(C) でも、でも　　(D) し、し

14 朝、新聞を読むのに 2時間_____かかりました。
　(A) か　　(B) が　　(C) ので　　(D) も

15 お金もない_____日本語もよく分からない_____本当に大変でした。
　(A) し、し　　(B) くて、くて　　(C) でも、でも　　(D) たり、たり

 # 동사 어미변화형 표

● 1그룹 동사의 어미변화형

行く	話す	習う	帰る	乗る
行かない	話さない	習わない	帰らない	乗らない
行きます	話します	習います	帰ります	乗ります
行く時	話す時	習う時	帰る時	乗る時
行けば	話せば	習えば	帰れば	乗れば
行こう	話そう	習おう	帰ろう	乗ろう

● 2그룹 동사의 어미변화형

起きる	見る	食べる	やめる	比べる
起きない	見ない	食べない	やめない	比べない
起きます	見ます	食べます	やめます	比べます
起きる時	見る時	食べる時	やめる時	比べる時
起きれば	見れば	食べれば	やめれば	比べれば
起きよう	見よう	食べよう	やめよう	比べよう

● 3그룹 동사의 어미변화형

来る	する
来ない	しない
来ます	します
来る時	する時
来れば	すれば
来よう	しよう

본문 해석 및 정답

 명사의 활용(현재)

01

정답_ 1 これは私の車じゃない。
　　　 2 今日は日曜日じゃない。
　　　 3 彼はイさんじゃありません / イさんじゃないです。
　　　 4 ハさんのかばんはこれじゃありません / これじゃないです。
　　　 5 あれはトンデムンです。

해석_ [보기] 그는 나의 연인이 아니다. → 그는 나의 연인이다.

  1 이것은 내 차다.　　　　　　→ 이것은 내 차가 아니다.
  2 오늘은 일요일이다.　　　　　→ 오늘은 일요일이 아니다.
  3 그가 이 씨입니다.　　　　　 → 그는 이 씨가 아닙니다.
  4 하 씨의 가방은 이것입니다. → 하 씨의 가방은 이것이 아닙니다.
  5 저것은 동대문이 아닙니다.　 → 저것은 동대문입니다.

02

정답_ 1 木村さんは先生です。
　　　 2 これは私の車です。
　　　 3 それは本ではない。
　　　 4 今日は日曜日です。
　　　 5 私は学生じゃないです / 学生じゃありません。

해석_ [보기] 하 씨의 가방은 이것입니다. → 하 씨의 가방은 이것이다.

  1 기무라 씨는 선생님이다.　→ 기무라 씨는 선생님입니다.
  2 이것은 내 차다.　　　　　→ 이것은 내 차입니다.
  3 그것은 책이 아닙니다.　　→ 그것은 책이 아니다.
  4 오늘은 일요일이다.　　　 → 오늘은 일요일입니다.
  5 나는 학생이 아니다.　　　→ 나는 학생이 아닙니다.

03

정답_ 1 저의 꿈은 의사입니다.
　　　 2 당신이 사토우 씨입니까?
　　　 3 그것은 저의 책이 아닙니다.
　　　 4 오늘은 수요일이다.
　　　 5 나는 일본인이 아닙니다.

04

정답_ 1 はい、(私は)学生です。
2 いいえ、(これは)辞書じゃありません / 辞書じゃないです。

해석_ **[보기]** Q: 그는 한국인입니까? / A: 아니오, 그는 한국인이 아닙니다.

1 Q: 당신은 학생입니까? / A: 네, (저는) 학생입니다.
2 Q: 그것은 사전입니까? / A: 아니오, (이것은) 사전이 아닙니다.

Unit 2 명사의 활용(과거)

01

정답_ 1 田中さんの誕生日は日曜日でした。
2 彼女は有名なタレントでした。
3 その料理は「カルビ」ではなかった / じゃなかった。

해석_ **[보기]** 김 씨는 나의 연인이 아닙니다. … 김 씨는 나의 연인이 아니었습니다.

1 다나카 씨의 생일은 일요일입니다. … 다나카 씨의 생일은 일요일이었습니다.
2 그녀는 유명한 탤런트입니다. … 그녀는 유명한 탤런트였습니다.
3 그 요리는 갈비가 아니다. … 그 요리는 갈비가 아니었다.

02

정답_ 1 私は学生でした。
2 ハさんは先生ではなかった / じゃなかった。
3 それは本だった。

해석_ **[보기]** 그는 이 씨였습니다. … 그는 이 씨가 아니었습니다.

1 나는 학생이 아니었습니다. … 나는 학생이었습니다.
2 하 씨는 선생님이었다. … 하 씨는 선생님이 아니었다.
3 그것은 책이 아니었다. … 그것은 책이었다.

03

정답_ 1 はい、日曜日でした。
2 いいえ、チョコレートじゃなかったです / チョコレートじゃありませんでした。花でした。

해석_ **[보기]** Q: 그가 가지고 있던 것은 잡지였습니까?
A: 아니오, 잡지가 아니었습니다. 신문이었습니다.

1 Q: 어제는 일요일이었습니까?
A: 네, 일요일이었습니다.
2 Q: 어제의 선물은 초콜릿이었습니까?
A: 아니오, 초콜릿이 아니었습니다. 꽃이었습니다.

04

정답_ 1 A: あそこは公園だった？（↗）
B: ううん、公園じゃなかった。学校だった。
2 A: それは先生の本でしたか。
B: いいえ、先生の本じゃありませんでした / 先生の本じゃなかったです。
私の本でした。

 **대명사**

01

정답_ 1 私(わたし)　2 誰(だれ)　3 彼女(かのじょ)　4 あなた　5 どなた

02

정답_ 1 これ　2 どれ　3 そちら　4 あそこ　5 それ
6 どちら　7 ここ

03

정답_ 1 A: それはかばんですか。
B: いいえ、かばんじゃありません。
2 A: あれが(は)ソウルタワーですか。
B: はい、あれが(は)ソウルタワーです。

해석_ **[보기]** A: 이것은 책입니까? / B: 아니오, 그것은 책이 아닙니다.

1 그것은 가방입니까? / 아니오, 가방이 아닙니다.
2 저것이(은) 서울타워입니까? / 네, 저것이(은) 서울타워입니다.

04

정답_ 1 それは田中さんの時計です / 田中さんのです。
2 トイレはここです。

3　いいえ、これは私のではないです。
해석_ 1　그것은 다나카 씨의 시계입니다 / 다나카 씨 것입니다.
　　　2　화장실은 여기입니다.
　　　3　아니오, 그것은 제 것이 아닙니다.

 **연체사와 「の」의 용법**

01
정답_ 1　あの　　　　2　どんな　　　　3　いろんな　　　　4　大きな　　　　5　ある
　　　6　この

02
정답_ 1　선생님, 일본어 책을 샀어요.
　　　2　그것은 나의 것이(가) 아닙니다.
　　　3　이쪽은 내(나의) 친구인 김입니다.
　　　4　내(나의) 여자친구의 꿈은(는) 의사였습니다.
　　　5　이쪽은 한국물산의 이 씨입니다.
　　　6　흰 것(으)로 하시겠습니까, 검은 것(으)로 하시겠습니까.
　　　7　내(나의) 여동생인 지예입니다.

03
정답_ 1　それはあなたのですか。
　　　2　私の本はこれです。
　　　3　友達の田中は会社員です。
　　　4　キムさんは日本語の先生です。
　　　5　私は日本物産の田中です。
　　　6　木村さんは辛いのがとても好きです。

 **い형용사의 기본 용법**

01
정답_ 1　この教室は明るくない。
　　　2　東京の物価は安い。

3 日本は近くないです / 近くありません。
4 私の日本語の先生は優しくないです / 優しくありません。
5 彼は頭がよくないです / 頭がよくありません。
6 私の学校は遠い。
7 今回の成績はいいです。

해석_ [보기] 일본어는 어렵지 않습니다. ⋯▶ 일본어는 어렵습니다.

1 이 교실은 밝다. ⋯▶ 이 교실은 밝지 않다.
2 도쿄의 물가는 싸지 않다. ⋯▶ 도쿄의 물가는 싸다.
3 일본은 가깝습니다. ⋯▶ 일본은 가깝지 않습니다.
4 저희 일본어 선생님은 친절합니다. ⋯▶ 저희 일본어 선생님은 친절하지 않습니다.
5 그는 머리가 좋습니다. ⋯▶ 그는 머리가 좋지 않습니다.
6 나의 학교는 멀지 않다. ⋯▶ 나의 학교는 멀다.
7 이번 성적은 좋지 않습니다. ⋯▶ 이번 성적은 좋습니다.

02

정답_ 1 彼女はかわいくて、頭がいいです。
　　　彼女は頭がよくて、かわいいです。
　　2 山田さんは優しくて、いつも明るいです。
　　　山田さんはいつも明るくて、優しいです。
　　3 このケータイは軽くて、新しいです。
　　　このケータイは新しくて、軽いです。

03

정답_ 1 今日はあまり暑くありません / 暑くないです。
　　2 山田さんは背は高いですか。
　　3 彼は優しくて、心が温かいです。

Unit 6　い형용사의 활용(과거)

01

정답_ 1 暖かかった　　2 難しかった　　3 高かったです
해석_ 1 어제는 따뜻했다.
　　2 지난주의 시험은 굉장히 어려웠다.
　　3 작년의 물가는 굉장히 높았습니다.

02

정답_ 1 テスト期間は長かった。
2 子供のころ、背が高かったです。
3 昨日は寒かったです。

해석_ **[보기]** 그 드라마는 재미있지 않았다. … 그 드라마는 재미있었다.

1 테스트 기간은 길지 않았다. … 테스트 기간은 길었다.
2 어렸을 때는, 키가 크지 않았습니다. … 어렸을 때는, 키가 컸습니다.
3 어제는 춥지 않았습니다. … 어제는 추웠습니다.

03

정답_ 1 A: 昨日は忙しかった？(↗)
B: うん、忙しかった。
ううん、忙しくなかった。
2 A: そのレストランのサービスはよかったですか。
B: はい、よかったです。
いいえ、よくなかったです / よくありませんでした。

04

정답_ 1 おいしかったです
2 暑くありませんでした / 暑くなかったです
3 多かった

 # い형용사의 활용(기타)

01

정답_ 1 高く   2 強く   3 明るく   4 弱く

해석_ **[보기]** 좀 더 빨리 걸어 주세요.

1 작년보다, 키가 커졌습니다.
2 바람이 점점 강해졌다.
3 방 안을 좀더 밝게 해 주세요.
4 그는 어쩐지 약해 보이네요.

02

정답_ 1 暑ければ、シャワーでも浴びてください。

2 甘ければ、塩を入れた方がいいですよ。
3 近ければ、近いほどいいですけど。
4 難しければ、他の問題から、挑戦してみてください。

해석_ **[보기]** 싸다면, 두 개 사겠습니다.

1 덥다면, 샤워라도 하세요.
2 달다면, 소금을 넣는 게 좋아요.
3 가까우면 가까울수록 좋습니다만.
4 어렵다면, 다른 문제부터 도전해 보도록 하세요.

03

정답_ 1 おいしかろう。
   おいしいだろう。
   おいしいでしょう。
   おいしいかもしれません。
2 暑かろう。
   暑いだろう。
   暑いでしょう．
   暑いかもしれません。

해석_ **[보기]** 저 영화는 무섭겠지. / 무섭겠지. / 무섭겠죠. / 무서울지도 몰라요.

1 저 가게는 맛있겠지. / 맛있겠지. / 맛있겠죠. / 맛있을지도 몰라요.
2 넥타이는 이맘때는 덥겠지. / 덥겠지. / 덥겠죠. / 더울지도 몰라요.

 **い형용사 기타**

01

정답_ 1 高さ 2 寒け / 寒さ 3 深さ 4 明るさ 5 白

02

정답_ 1 青白い(あおじろい) 2 細長い 3 心強い(こころづよい) 4 息苦しい(いきぐるしい) 5 塩辛い

 な형용사의 기본 용법

01

정답_ 1 今日は暇じゃない。
2 キム代理は真面目だ。
3 この教室は静かじゃない。
4 彼はフランス語が上手じゃない。
5 そんなタイプが好きだ。
6 田中さんの彼女はきれいじゃない。
7 エジソンは立派じゃない。
8 日本語は簡単じゃない。

해석_ [보기] 내 컴퓨터는 편리하지 않다. → 내 컴퓨터는 편리하다.
1 오늘은 한가하다. → 오늘은 한가하지 않다.
2 김대리는 성실하지 않다. → 김대리는 성실하다.
3 이 교실은 조용하다. → 이 교실은 조용하지 않다.
4 그는 프랑스어가 능숙하다. → 그는 프랑스어가 능숙하지 않다.
5 그런 타입은 좋아하지 않는다. → 그런 타입을 좋아한다.
6 다나카 씨의 여자친구는 예쁘다. → 다나카 씨의 여자친구는 예쁘지 않다.
7 에디슨은 대단하다. → 에디슨은 대단하지 않다.
8 일본어는 간단하다. → 일본어는 간단하지 않다.

02

정답_ 1 丈夫な　　2 真面目な　　3 好きな

해석_ [보기] 강남은 번화한 거리로군요.
1 튼튼한 차가 갖고 싶습니다.
2 김 씨는 매우 성실한 학생입니다.
3 좋아하는 한국 요리는 무엇입니까?

03

정답_ 1 彼は真面目で、親切です。
　　　彼は親切で、真面目です。
2 ハン先生はきれいで、有名です。
　　　ハン先生は有名で、きれいです。
3 あのスーパーは安くて、いつもにぎやかです。
　　　あのスーパーは いつもにぎやかで、安いです。

Unit 10 な형용사의 활용(과거)

01

정답
1 昨日は暇じゃなかった。
2 私はジャズが好きじゃありませんでした。
3 この店のいすは便利だった。
4 彼女は有名でした。

해석

[보기] 옛날, 나의 고향은 번화한 곳이 아니었습니다. …	옛날, 나의 고향은 번화한 곳이었습니다.
1 어제는 한가했다. …	어제는 한가하지 않았다.
2 저는 재즈를 좋아했습니다. …	저는 재즈를 좋아하지 않았습니다.
3 이 가게의 의자는 편리하지 않았다. …	이 가게의 의자는 편리했다.
4 그녀는 유명하지 않았습니다. …	그녀는 유명했습니다.

02

정답
1 いいえ、下手じゃありませんでした。
2 はい、親切だったんです / 親切でした。

해석

[보기] 저 가게는 붐볐습니까? …	아니오, 붐비지 않았습니다.
1 김 씨는 피아노 치는 것이 서툴렀습니까? …	아니오, 서툴지 않았습니다.
2 이 씨는 친절했습니까? …	네, 친절했습니다.

03

정답
1 A: キムさんは親切だった？(↗)
   B: うん、親切だった。
      ううん、親切じゃなかった。
2 A: あなたはピアノが上手でしたか。(↗)
   B: はい、上手でした。
      いいえ、上手じゃありませんでした / 上手じゃなかったんです。

04

정답 1 親切だった   2 有名だった   3 好きじゃなかった

な형용사의 활용(기타)

01

정답_ 1 静かに　　2 好きに　　3 きれいに　　4 上手に

해석_ **[보기]** 운동을 해서, 지금은 건강해졌습니다.

1 좀 조용히 해 주세요.
2 언제부터인가 그를 좋아하게 되었습니다.
3 깨끗하게 청소를 합니다.
4 그는 일본어로 능숙하게 말할 수 있습니다.

02

정답_ 1 静かなら、そこで勉強します。
2 必要なら、あげます。
3 新鮮なら、買います。
4 ハンサムなら、会ってみます。
5 嫌いなら、食べなくてもいいです。

03

정답_ 1 好きだろう
好きでしょう
好きかもしれません
2 静かだろう
静かでしょう
静かかもしれません

해석_ **[보기]** 일본어가 능숙하겠지. / 능숙하겠죠. / 능숙할지도 몰라요.

1 스시를 좋아하겠지. / 좋아하겠죠. / 좋아할지도 몰라요.
2 가게 안은 조용하겠지. / 조용하겠죠. / 조용할지도 몰라요.

な형용사 기타

01

정답_ 1 静かさ　　2 華やかさ　　3 清潔さ　　4 簡単さ　　5 大変さ

02

정답_ 1 彼は日本語が下手ですが、英語は上手です。
　　　2 あなたは甘いものが嫌いですか。
　　　3 キムさんはパソコンが上手で、歌も上手です。

03

정답_ 1 私と同じ年ですね。
　　　2 同じものでお願いします。
　　　3 デザインが同じなのにどうしてこちらの方が高いんですか。

 Unit 13 존재표현

01

정답_ 1 います　　　2 あります　　　3 あります　　　4 あります　　　5 あります
　　　6 います

해석_ 1 제 옆에 나카무라 씨가 있습니다.
　　　2 제가 살고 있는 곳 근처에 유명한 미술관이 있습니다.
　　　3 쓰레기통은 저기에 있습니다.
　　　4 이 가게는 좋은 밥그릇이 많이 있습니다.
　　　5 아파트 단지의 뜰에 꽃이 있습니다.
　　　6 집에는 고양이가 두 마리 있습니다.

02

정답_ 1 目の下にほくろがありますか。
　　　　目の下にほくろがありません。
　　　2 野球場に選手がいますか。
　　　　野球場に選手がいません。
　　　3 公園の中に犬がいますか。
　　　　公園の中に犬がいません。

해석_　**[보기]** 여동생은 오사카의 학교에 있습니다.
　　　　　→ 여동생은 오사카의 학교에 있습니까?
　　　　　→ 여동생은 오사카의 학교에 없습니다.

　　　1 눈 아래에 점이 있습니까? / 눈 아래에 점이 없습니다.
　　　2 야구장에 선수가 있습니까? / 야구장에 선수가 없습니다.
　　　3 공원 안에 개가 있습니까? / 공원 안에 개가 없습니다.

03

정답_ 1 教室にはだれもいません。
2 この近くにポストがありますか。
3 お母さんとお父さんの間に子供がいます。
4 冷蔵庫の中にいろんな物があります。
5 町には桜の木がたくさんあります。

Unit 14 동사의 분류

01

정답_ 1 座る, 泳ぐ, 聞く, 読む, 買う, 登る, 待つ, 押す, 喜ぶ
2 着る, 開ける, 起きる, 比べる
3 来る, する, 招待する, 想像する, 予約する

02

정답_ 起きる ↔ 寝る　　　始める ↔ 終わる　　　行く ↔ 来る
　　　入る ↔ 出る　　　　開ける ↔ 閉める

03

정답_ 1 起きる　　2 する　　3 浴びる　　4 行く, 乗る　　5 買う
　　　6 働く　　　7 食べる　　8 終わる　　9 会う　　　　10 飲む
　　　11 帰る　　 12 入る　　 13 寝る

Unit 15 1그룹 동사의 활용

01

정답_ 1 行かないで　　2 歩かなければ　　3 買わなかった

해석_ **[보기]** 텔레비전의 드라마를 좋아해서 빠뜨리지 않고 본다.
1 혼자서 가지 않고, 친구를 데리고 갔습니다.
2 1시간 걷지 않으면, 병원은 없습니다.
3 돈이 없어서 아무것도 사지 않았다.

02

정답_ 1 困ります　　2 終わりました　　3 働きますか　　4 要りません

해석_ **[보기]** 쓰레기는 무슨 요일에 내놓습니까?

1 여기에서 촬영하시면 곤란합니다.
2 항상 작심삼일로 끝났습니다.
3 다음 달부터는 어디에서 일합니까?
4 내일 견학 때, 도시락은 필요 없습니다.

03

정답_ 1 集まれ　　2 乗れ　　3 頑張れ

해석_ **[보기]** 능숙해질 때까지 노래를 많이 불러라.

1 3시까지 역 앞에 모여라.
2 10시 비행기에 타라.
3 요즘 분발하지 않고 있군. 더 분발해라.

04

정답_ 1 洗おう　　2 頼もう　　3 習おう　　4 歩こう　　5 やろう

해석_ **[보기]** 앞으로 5분이면 버스가 온다. 서두르자!

1 이 접시는 그다지 깨끗하지 않은걸. 깨끗이 닦자.
2 결혼식 때 야마다 군에게 피아노를 부탁하자.
3 결혼 전에 요리학원에서 요리를 배우자.
4 위를 향해서 걷자.
5 모두 잊고, 한잔 하자.

Unit 16　2그룹 동사의 활용

01

정답_ 1 見ない　　2 食べない　　3 できない

해석_ **[보기]** 타지 않는 쓰레기는 일요일입니다.

1 공포영화는 보지 않는다.
2 항상 아침은 아무것도 먹지 않는다.

3 아무리 연습해도 할 수 없다.

02

정답_ 1 来ました　　2 生まれました　3 いました

해석_ **[보기]** 학교가 끝나고 친구와 영화를 봤습니다.
1 아침 7시에 학교에 왔습니다.
2 1827년에 독일에서 태어났습니다. 이 사람은 누구?
3 일요일은 아무데도 가지 않았습니다. 하루 종일 방안에 있었습니다.

03

정답_ 1 いろ・いよ　　2 続けろ・続けよ　3 捨てろ・捨てよ

해석_ **[보기]** 싫다면 그만 둬라.
1 비가 오고 있으니까, 집에 있어라.
2 아무튼 시작했다면 그만두지 말고 계속해라.
3 필요 없는 물건은 버려라.

04

정답_ 1 決めよう　　2 起きよう　　3 止めよう

해석_ **[보기]** 좀 더 생각해 보자.
1 시간과 장소를 정하자.
2 내일부터 일찍 일어나야겠다.
3 여기에 차를 세우자.

05

정답_ 1 私はその本を持っているので借りない。
2 寒いですね。まどを閉めましょうか。
3 もうすぐ試験だから, ゲームはやめろ。

 **3그룹 동사의 활용**

01

정답_ 1 遠慮しないで　　2 欠席しない

해석_ **[보기]** 장학금을 받았기 때문에 아르바이트는 안 해도 된다.

1 사양하지 말고 드세요.
2 학교는 가능한 한 결석하지 않는다.

02

정답_ 1 来ました　　2 勉強しますか

해석_ **[보기]** 즉시 보내드리겠습니다.

1 아침 7시에 학교에 왔습니다.
2 하루에 어느 정도 일본어를 공부합니까?

03

정답_ 1 練習しろ / 練習せよ　　2 注意しろ　　3 しっかりしろ

해석_ **[보기]** 진귀한 것이다. 소중히 해라.

1 쉬지 말고 연습해라.
2 좁은 길이다. 운전에 주의해라.
3 항상 정신차려라.

04

정답_ 1 来よう　　2 しよう

해석_ **[보기]** 피곤하니까, 조금 쉬자.

1 이 찻집 커피 맛있네. 또 오자.
2 몸과 정신을 건강하게 하자.

05

정답_ 1 これからの出発を祝いながら乾杯しましょう。
2 真夜中くろねこをみてびっくりしました。

Unit 18 동사의 연체형

01

정답_ 1 習う　　2 行く　　3 書く　　4 読む　　5 飲む
　　　6 見る　　7 起きる　　8 できる　　9 食べる　　10 あげる
　　　11 する　　12 来る

02

정답_ 1 日本語を習う　　2 明日行く　　3 来月引っ越す
　　　4 中国語ができる

03

정답_ 1 スーパー　　2 人　　3 時間　　4 約束　　5 お金

04

정답_ 1 起きる時間は何時ですか。
　　　2 最近の子供は運動する場所がありません。
　　　3 家へ 帰る時は地下鉄に乗ります。

Unit 19 동사의 て형(1그룹)

01

정답_ 1 あって　　2 聞いて　　3 死んで　　4 買って　　5 遊んで
　　　6 飲んで　　7 急いで　　8 行って　　9 暮らして

02

정답_ 1 歩いて　　2 働いて　　3 会って　　4 読んで　　5 待って
　　　6 帰って

03

정답_ 1 バスに乗って会社にいく。
　　　2 恋人に会ってデートをする。
　　　3 7時に起きて家を出る。

해석_ **[보기]** 일본에 가서 일본어를 배운다.
1 버스를 타고 회사에 간다.
2 애인과 만나서 데이트를 한다.
3 7시에 일어나서 집을 나선다.

04

정답_ 1 約束がたくさんあって忙しいです。
2 家に帰って休みたいです。
3 まっすぐ行って左に曲がってください。
4 仲良く分けて食べてください。
5 時間がありません。急いで行きましょう。

Unit 20 동사의 て형(2, 3그룹)

01

정답_ 1 かけて　　2 借りて　　3 始めて　　4 開けて　　5 片付けて
6 着て

02

정답_ 1 (O)　　2 (X) しんで　　3 (O)　　4 (X) たって　　5 (X) のって
6 (X) ふって　　7 (O)　　8 (O)　　9 (X) あそんで　　10 (O)
11 (X) はいって　　12 (X) いそいで　　13 (X) あって　　14 (X) およいで

03

정답_ 1 借りて　　2 食べて　　3 開けて　　4 して

해석_ 1 돈이 없어서 친구에게 빌려서 (집에)돌아왔습니다.
2 밤 늦게 라면을 먹어서 얼굴이 부었습니다.
3 문을 열고 자지 말아 주세요.
4 열심히 공부를 해서 성적이 올랐습니다.

04

정답_ 起きて・充電して・行って・洗って・飲んで・つけて・して・して・着て・持って
・消して・とめて・閉めて・乗って・乗り換えて・着いて・食べて・行って・して
・して・浴びて・して・かけて

해석_ 다나카 씨는 아침 8시에 일어나서 핸드폰을 충전하고 화장실에 가서 세수를 하고 물을 마시고 TV를 켜고 밥을 먹는다. 설거지를 하고 화장을 하고 옷을 입고 가방을 들고 불을 끄고 가스를 끄고 문을 닫고 집을 나선다. 버스를 타고 지하철로 갈아타고 학교에 도착해서 수업을 듣는다. 점심을 먹고 도서관에 가서 아르바이트를 하고 친구들과 수다를 떨고 집에 돌아온다. 샤워를 하고 인터넷을 하고 부모님에게 전화를 걸고 잔다.

동사의 た형(1그룹)

01

정답_ 1 咲いた　　2 からかった　　3 行った　　4 盗んだ　　5 帰った
　　　6 消した　　7 死んだ　　　8 飛んだ　　9 入った　　10 急いだ

02

정답_ 1 乗った　　2 話した　　3 作った　　4 会った　　5 降った
　　　6 待った

03

정답_ 1 友達に会って話した。
　　　2 お風呂に入ってビールを飲んだ。
　　　3 薬を飲んでゆっくり休んだ。

해석_ **[보기]** 걸어서 학교에 갔다.
　　　1 친구와 만나서 이야기했다.
　　　2 욕조에 몸을 담그고 맥주를 마셨다.
　　　3 약을 먹고 푹 쉬었다.

04

정답_ 1 とった　　2 もらった

해석_ **[보기]** 저도 윤 씨에게서 들은 이야기라서 잘 몰라요.
　　　1 이게 어제 콘서트 홀에서 선생님이랑 같이 찍은 사진이에요.
　　　2 그에게서 받은 편지는 지금까지도 소중히 간직하고 있습니다.

05

정답_ 1 お腹が痛くて早く家に帰った。
　　　2 材料を買って家で日本料理を作った。
　　　3 学校で日本語の文法について習った。

Unit 22 동사의 た형(2, 3그룹)

01

정답_ 1 教えた   2 着た   3 した   4 ゆれた   5 抱きしめた
6 比べた   7 すすめた   8 答えた

02

정답_ 1 (X) そらした   2 (O)   3 (X) はいった   4 (X) みがいた   5 (X) よんだ
6 (O)   7 (X) 道がこんだ   8 (X) からかった   9 (X) あるいた   10 (X) きった
11 (X) いそいだ   12 (O)   13 (O)   14 (O)   15 (X) ならべた
16 (O)   17 (O)

03

정답_ 起きた ・ 寝た ・ 出た ・ ついた ・ うけた ・ 行った ・ 来た ・ つかれた ・ 帰った ・ 着た
・ 寝た

해석_ 야마시타 씨는 아침 6시에 일어났다. 어제 저녁에 시험 공부를 하고 늦게 잤다. 시간이 없어서 빵과 우유를 먹고 집을 나섰다. 8시에 학교에 도착했다. 9시에 시험을 보았다. 시험이 끝나고 친구들과 함께 수다를 떨고 아르바이트하는 곳에 갔다. 손님이 많이 왔다. 매우 피곤했다. 버스를 타고 집에 돌아왔다. 너무나도 피곤해서 샤워도 하지 않고 옷을 입은 채로 잤다.

Unit 23 가능동사 (1)

01

정답_ 1 繁華街で恋人をおんぶすることができますか。
2 日本人にソウルを案内することができますか。
3 友達に100万ウォンを貸すことができますか。
4 100メートルを18秒で走ることができますか。
5 ストローで焼酎を飲むことができますか。
6 熱いラーメンを3分で食べることができますか。
7 息をしないで2分間いることができますか。
8 バンジージャンプをすることができますか。
9 両親が反対する人と結婚することができますか。
10 ボシンタンを食べることができますか。

02

정답_
1. 飲むことができません。
2. 話すことができません。
3. 食べることができません。
4. かけることができますか。

해석_ **[보기]** 저는 무서운 영화를 보지 못합니다.
1. 술은 마시고 싶지만 마시지 못합니다.
2. 일본어는 좋아하지만 말은 하지 못합니다.
3. 개는 좋아하지만, 보신탕은 먹지 못합니다.
4. 일본어로 전화를 걸 수 있습니까?

 가능동사 (2)

01

정답_
1. 探せる　　2. 来られる　　3. 入れる　　4. 帰れる　　5. 待てる
6. 遊べる　　7. 結婚できる　8. 感じられる　9. 教えられる　10. かけられる

02

정답_
1. フランス語が教えられます。
2. タバコがやめられます。
3. 焼酎が飲めます。

해석_ **[보기]** 가타카나를 쓸 수 있습니다.
1. 프랑스어를 가르칠 수 있습니다.
2. 담배를 끊을 수 있습니다.
3. 소주를 마실 수 있습니다.

03

정답_ 1. 飲める　　2. 書ける, 書けない　　3. 買えない

해석_
1. 맥주를 3병 이상 마실 수 있다.
2. 히라가나는 쓸 수 있지만, 가타카나는 쓸 수 없다.
3. 너무도 비싸서 살 수 없다.

04

정답
1. うそがつけません
2. 聞き取れます
3. 諦められません

해석
[보기] 다음 주부터는 시간이 있으니까 저도 운동할 수 있습니다.
1. 엄마에게는 거짓말을 할 수 없습니다.
2. 일본 드라마를 보고 조금은 알아들을 수 있습니다.
3. 지금까지 열심히 해왔기 때문에 포기할 수 없습니다.

05

정답
1. お腹の具合が悪くて何も食べられません。
2. 私は人の前で歌が歌えません。
3. 私はキム先生のことが忘れられません。

Unit 25 수수동사 (1)

01

정답 1. に 2. に 3. に

해석
1. 스즈키 씨가 나에게 책을 주었습니다.
2. 나는 김 씨에게서 인형을 받았습니다.
3. 야마다 씨는 박 씨에게 꽃을 주었습니다.

02

정답
1. 私は親友の誕生日に指輪をあげます。
2. 私は100日のお祝いで、恋人に花束をあげました。
3. 私が今までもらったプレゼントの中で一番嬉しかったのは最新型のスポーツ・カーです。
4. 最近、もらいたいものはかわいい子犬です。

해석
[보기] 당신은 남동생의 생일에 보통 어떤 선물을 줍니까?
→ 나는 남동생의 생일에 보통 용돈을 줍니다.
1. 친구의 생일에는 어떤 선물을 줍니까?
→ 나는 친구의 생일에는 반지를 줍니다.

2 100일 기념 선물로 애인에게 무엇을 주었습니까?
    ⋯▶ 나는 100일 기념 선물로 애인에게 꽃다발을 주었습니다.
3 지금까지 받았던 선물 중에서 제일 기뻤던 것은 무엇입니까?
    ⋯▶ 내가 지금까지 받았던 선물 중에서 제일 기뻤던 것은 최신형의 스포츠 카였습니다.
4 최근, 받고 싶은 것은 무엇입니까?
    ⋯▶ 최근, 받고 싶은 것은 귀여운 강아지입니다.

03

정답_ 1 バレンタインデーに国語の先生にチョコをさしあげました。
     2 彼女は私にいつも夢と勇気をくれます。
     3 成人の日、彼氏にばらの花と香水をもらいました。
     4 姉が子犬に餌をあげました。
     5 先生に賞状をいただきました。

Unit 26 수수동사 (2)

01

정답_ 1 私はパクさんに日本から手紙を送ってもらいました。
     2 私はいつも恋人にバス代を払ってもらいます。

해석_ [보기] 스즈키 씨가 나를 위해서 가라오케에서 노래를 불러 주었습니다.
         = 나는 스즈키 씨로부터 가라오케에서 노래를 불러 받았습니다.

1 박 씨가 일본에서 편지를 보내 주었습니다.
    = 나는 박 씨로부터 일본에서 편지를 받았습니다.
2 애인은 항상 나의 버스 요금을 내 줍니다.
    = 나는 항상 애인으로부터 버스 요금을 내 받습니다.

02

정답_ 1 彼がキムさんの手紙を読んでくれました。
     2 中村さんが例のプロジェクトについて説明してくれました。
     3 みんなが就職のお祝いをしてくれました。

해석_ [보기] 선생님에게서 모르는 부분을 가르쳐 받았습니다.
         = 선생님은 나에게 모르는 부분을 가르쳐 주었습니다.

1 그에게 김 씨의 편지를 읽어 받았습니다.
    = 그가 김 씨의 편지를 읽어 주었습니다.

2 나카무라 씨에게서 예의 프로젝트에 대해 설명을 받았습니다.
= 나카무라 씨가 예의 프로젝트에 대해 설명해 주었습니다.
3 모두에게서 취직의 축하를 받았습니다.
= 모두가 취직의 축하를 해 주었습니다.

03

정답_ くれなかった ・ あげない ・ もらった ・ くれて ・ あげたい ・ あげたら ・ くれる

해석_ 어제는 나의 생일이었다. 하지만 아무도 생일 축하를 해 주지 않았다. 나도 별로 주위의 사람들에게 축하를 해 주지 않기 때문에 기대하지 않았었지만 조금 서운했다. 그런데 오늘 아침, 회사에 도착했더니 일본에서 경제 공부를 하고 있는 야마다 씨로부터 선물이 배달되어 있었다. 정말 깜짝 놀랐다. 야마다 씨는 대학시절 어학연수를 갔을 때 일본인 선생님으로부터 소개를 받았던 사람이다. 나의 생일을 잊지 않고 기억하고 있어 주었다는 것만으로도 기쁜데, 선물까지 보내 주다니… 나도 이번 그의 생일 때 뭔가 보내 주고 싶다. 그는 한국 노래를 좋아하니까 인기곡 CD를 보내 주면, 분명 기쁘게 들어 주겠지. 그리고, 앞으로는 주위 사람들에게 신경을 쓰는 사람이 되어야겠다고 생각했다.

Unit 27 동사의 조건형 (1)

01

정답_ 1 すれば 2 来れば 3 見れば 4 飲めば 5 遊べば
6 聞けば 7 待てば

02

정답_ 1 したら 2 来たら 3 考えたら 4 遅れたら 5 乗ったら
6 会ったら 7 読んだら 8 行ったら

03

정답_ 1 行けば 2 すれば 3 なったら

해석_ [보기] 좋은 사람이 있으면 이 선생님께 소개해 주세요.
1 지금 가면 만날 수 있어요.
2 열심히 연습하면, 이길 수 있어요.
3 투명인간이 된다면, 무엇을 하고 싶나요?

04

정답_ 1 試験に受かれば、採用します。
2 先生に会ったら、よろしく伝えてください。
3 あなたが食べれば、私も食べます。

 ## 동사의 조건형 (2)

01

정답_ 1 なると　　2 行くなら　　3 あったら　　4 降れば

02

정답_ 1 外国語を勉強するなら、日本語がいいでしょう。
2 1に2を足すと、3になります。
3 あなたが食べれば、私も食べます。
4 会社に着いたら、書類を送ります。
5 書類を送るなら、イーメールの方がいいですね。

03

정답_ 1 見ると　　2 言うと　　3 飲むなら

해석_ [보기] 5에 2를 더하면 7이 된다.

1 가 보면 알 거야.
2 그렇게 말하면, 선생님한테 혼난다.
3 술을 마실 거라면, 맥주로 하자.

 ## 자동사와 타동사의 구별

01

정답_

자동사	타동사
来る(오다)	する(하다)
集まる(모이다)	見る(보다)
聞こえる(들리다)	置く(놓다, 두다)
開く(열리다)	起こす(일으키다, 일으켜 세우다)
ある(있다)	汚す(더럽히다)
起きる(일어나다)	買う(사다)
泣く(울다)	聞く(듣다)
死ぬ(죽다)	あげる(주다)

出る (나가다, 나오다)　　始める (시작하다)
落ちる (떨어지다)　　歌う (노래하다)
つく (도착하다)　　　もらう (받다)
入る (들어가다)　　　選ぶ (고르다)
行く (가다)　　　　　消す (끄다, 지우다)
踊る (춤추다)　　　　知る (알다)
　　　　　　　　　　切る (자르다)
　　　　　　　　　　止める (그만두다)
　　　　　　　　　　読む (읽다)

02

정답_ 1 を　　2 が　　3 を

해석_ **[보기]** 갓난아이가 울고 있습니다.
1 커피를 쏟고 말았습니다.
2 눈물이 납니다.
3 선물을 받았습니다.

03

정답_ 1 明日、お見合いをします。
2 私の趣味は切手を集めることです。
3 7時から授業が始まります。
4 友達にお酒をおごりました。
5 私は恋人がいません。

자동사와 타동사의 진행, 상태

01

정답_ 1 (타) 作ってある　2 (타) 置いてある　3 (타) 起こしてある　4 (타) 消してある
5 (타) 書いてある　6 (타) 入れてある　7 (자) 開いている

02

정답_ 1 車を止めました。 → 車が止めてあります。
2 火をつけます。 → 火がつけてあります。

3 花を飾りました。 → 花が飾ってあります。

03

정답_ 1 アルバイトをしています
2 犯人を探しています

해석_ **[보기]** 이제 곧 손님이 오기 때문에 방 정리를 하고 있어요.
1 아침 8시부터 저녁 7시까지 편의점에서 아르바이트를 하고 있어요.
2 경찰에서 범인을 찾고 있어요.

04

정답_ 1 お客さんのためにコーヒーを入れています。
2 カバンの中でケイタイのベルがなっています。
3 一生懸命勉強しているので成績があがっています。

보조동사

01

정답_ 1 掃除しておきました
2 教えてみます
3 変わってしまいました
4 離れていきます

해석_ **[보기]** 3일 전에 한국에 돌아왔습니다.
1 오늘 손님이 오기 때문에 서둘러서 방을 청소해 두었습니다.
2 선생님 대신에 제가 가르쳐 보겠습니다.
3 그 사건으로 내 가치관은 완전히 변해 버렸습니다.
4 기차는 점점 멀리 떠나 갑니다.

02

정답_ 1 しまいました　　2 しまいました　　3 おきました

03

정답_ 1 きた　　　　　2 きた　　　　　3 いく　　　　　4 いく

04

정답_ 1 帰りに寄ってみます。
2 本当のことを全部言ってしまいました。
3 順番が回ってきた。
4 交通事故で死亡者が増えていきます。

 **복합동사**

01

정답_ 1 知り合う: 서로 알다
2 食べ過ぎる: 과식하다
3 着換える: 갈아입다
4 習い始める: 배우기 시작하다
5 怒り出す: 갑자기 화내다
6 思い込む: 굳게 믿다, 결심하다
7 考え直す: 다시 생각하다
8 書きまくる: 마구 써대다
9 思い切る: 단념하다

02

정답_ 1 愛し合って   2 飲みすぎ   3 乗り換えて   4 習い始め   5 泣き出し

03

정답_ 1 他の紙に書き直してください。
2 明日から試験なのに朝から遊びまくっています。
3 留学のことは思い切りました。

 **동사의 관용적 표현**

01

정답_ 1 お茶を入れてくる   2 辞書を引く   3 気をつける

02

정답_ 1 韓国が日本に勝ちました
2 南に向かって
3 ガイドの案内に従って
4 日本に旅行に行くつもりです

03

정답_ 1 ふと耳にしましたが、キム先生が入院をしたそうです。
2 世の中に役に立つ人になりたいです。
3 早く家に帰ってお風呂に入りたいです。
4 辞書を引きながら日本語の勉強をしました。
5 弟に代わって私が謝ります。

 ## 수동, 가능, 자발, 존경표현의 れる・られる

01

정답_ 1 押された　　　2 すられた　　　3 壊された　　　4 頼まれた

02

정답_ 1 学生に尊敬された。
2 みんなに好かれた。
3 先生にいろいろ質問された。
4 先輩にいじめられた。
5 信じていた人にだまされた。
6 親に結婚を反対された。

03

정답_ 1 살 수 없습니다
2 부탁받아서
3 올 수 있습니까
4 세워졌습니다
5 도움받아서

 ## 사역표현 せる・させる

01

정답_ 1 毎日復習させます
2 コーヒーを入れさせます
3 運転させます

해석_ [보기] 당신이 부모라면 아이에게 무엇을 시키겠습니까? → 영어를 배우게 합니다.
　　　1 당신이 선생님이라면 학생에게 무엇을 시키겠습니까? → 매일 복습을 하게 합니다.
　　　2 당신이 사장이라면 사원에게 무엇을 시키겠습니까? → 커피를 타 오게 합니다.
　　　3 당신이 부인이라면 남편에게 무엇을 시키겠습니까? → 운전을 하게 합니다.

02

정답_　1 を　　　　2 に　　　　3 を　　　　4 に　　　　5 を

해석_　1 사람을 웃기는 직업은 무엇입니까?
　　　2 자신의 일은 절대 타인에게 시키지 않습니다.
　　　3 아이를 울려 버리고 말았습니다.
　　　4 학생에게 반드시 숙제를 시킵니다.
　　　5 아이들을 일찍 자게 하는 쪽이 좋습니다.

03

정답_　1 今日は私に払わせてください。
　　　2 病院に行くために、少し早く帰らせてください。
　　　3 私は歌が得意です。私に歌わせてください。

해석_　[보기] 선생님, 첫사랑 이야기를 듣고 싶어요.　→　선생님, 첫사랑 이야기를 들려 주세요.
　　　1 오늘은 제가 내고 싶습니다.
　　　　 … 오늘은 제가 내게 해 주십시오.
　　　2 병원에 가기 위해서, 조금 일찍 돌아가고 싶습니다.
　　　　 … 병원에 가기 위해서, 조금 일찍 돌아가게 해 주십시오.
　　　3 저는 노래에 자신이 있습니다. 제가 노래하고 싶어요.
　　　　 … 저는 노래에 자신이 있습니다. 제가 노래하게 해 주세요.

04

정답_　1 あなたが医者なら患者に何をさせますか。
　　　2 3時間ぐらい、休憩させてください。
　　　3 この会社でぜひ、働かせてください。

 # Unit 36　양태, 전문의 そうだ

01

정답_　1 来る　　　　2 退院でき　　　　3 使いやすい

해석_ **[보기]** 하늘을 보니 내일은 맑을 것 같습니다.
1 일기예보에 따르면 오늘밤, 태풍이 온다고 합니다.
2 건강한 듯 해서, 이제 곧 퇴원할 수 있을 것 같네요.
3 사용하고 있는 주부의 말에 따르면 쓰기 편하다고 합니다.

02

정답_ 1 キムさんの話では、あの人はとても親切だそうです。
　　そうですね。ほんとうに親切そうですね。
2 ニュースによると、今日 雨が降るそうです。
　　そうですね。雨が降りそうですね。
3 思ったより高くないそうです。
　　そうですか。高そうですが。

03

정답_ 1 幸せそうに　　2 来そうですね　　3 なさそうですね

04

정답_ 1 部長の話では、中村さんが昇進するそうです。
2 お腹がすいて死にそうです。

 **Unit 37** 불확실한 단정의 ようだ와 추정표현 らしい

01

정답_ 1 オタクのようです
2 よくないようです
3 暇なようです
4 いるらしいです
5 知らないらしいです
6 静かなようです
7 シシャモのようです
8 女らしい

해석_ **[보기]** 불이 켜져 있는 것을 보니 아직 공부를 하고 있는 것 같습니다.
1 매일 만화만 보고 있네요. 오타쿠 같아요.
2 그는 시력이 좋지 않은 것 같습니다.

스쿠스쿠 일본어 문법완성 **159**

3 아침부터 게임을 하고 있네요. 한가한 것 같아요.
4 스시를 좋아하지 않는 일본인도 있는 것 같습니다.
5 그는 아직 아무것도 모르는 것 같습니다.
6 저 가게는 매우 조용한 것 같습니다.
7 그가 제일 좋아하는 안주는 시샤모인 것 같습니다.
8 좀 더 여성스러운 옷을 찾고 있습니다만……

02

정답_ 1 氷のようだ　　2 人形のような　　3 先生のように

해석_ **[보기]** 진품 같아서 모두 사고 싶어합니다.

1 이 맥주는 차가워서 얼음 같다.
2 마치 인형 같은 아이로군요.
3 마치 선생님처럼 말하는군요.

03

정답_ 1 ラーメンばかり食べるのを見るとラーメンが好きなようです。
2 日本人は辛いのが好きではないようです。
3 顔が赤いですね。お酒を飲んだようです。
4 来週からテストらしい。

Unit 38 희망의 조동사 たい・たがる・ほしい

01

정답_ 1 来たがっています
2 確認したいです
3 行きたがっています
4 助けたいです

해석_ **[보기]** 그는 그녀에게 자신의 마음을 전하고 싶어하고 있습니다.

1 모두가 여기에 오고 싶어하고 있습니다.
2 콘서트 티켓의 예약을 확인하고 싶습니다.
3 엄마는 아빠와 함께 온천에 가고 싶어하고 있습니다.
4 나는 어렵게 생활하는 아이들을 돕고 싶습니다.

02

정답_ 1 ほしいです　　2 ほしいですか　　3 ほしがっています

03

정답_ 1 彼とはもう二度と会いたくありません。
2 これがキムさんが買いたがっている服です。
3 最近流行しているMP3Pがほしいです。
4 山田さんは外車のオープンカーを買いたがっています。
5 鈴木さんはかわいいワンちゃんをほしがっています。

Unit 39 존경표현

01

정답_ 1 いらっしゃいましたか
2 いらっしゃいますか
3 なさいますか
4 おっしゃった

해석_	[보기] 언제 도쿄에 갑니까?	…	언제 도쿄에 가십니까?
	1 언제 한국에 왔습니까?	…	언제 한국에 오셨습니까?
	2 선생님, 오후에는 교무실에 있습니까?	…	선생님, 오후에는 교무실에 계십니까?
	3 사장님은 테니스를 칩니까?	…	사장님은 테니스를 치십니까?
	4 3시부터 회의라고 과장님이 말했다.	…	3시부터 회의라고 과장님이 말씀하셨다.

02

정답_ 1 お使いになりましたか
2 お伝えになりましたか
3 お渡しになりましたか
4 お待ちになりましたか

해석_	[보기] 선생님과 만났습니까?	…	선생님과 만나셨습니까?
	1 그 상품은 사용해 봤습니까?	…	그 상품은 사용해 보셨습니까?
	2 야마무라 씨에게 전했습니까?	…	야마무라 씨에게 전하셨습니까?
	3 이마이 씨에게 서류를 건넸습니까?	…	이마이 씨에게 서류를 건네셨습니까?
	4 몇분이나 기다렸습니까?	…	몇분이나 기다리셨습니까?

03

정답_ 1 されて   2 やめられた   3 来られますか   4 帰られますか

해석_ **[보기] 돌아올 예정으로 되어 있습니다. → 돌아오실 예정으로 되어 있습니다.**

1 어떤 일을 하고 있습니까?   … 어떤 일을 하시고 있습니까?
2 선생님, 학교를 그만뒀습니까?   … 선생님, 학교를 그만두셨습니까?
3 내일 옵니까?   … 내일 오십니까?
4 9시 쯤에는 돌아갑니까?   … 9시 쯤에는 돌아가십니까?

04

정답_ 1 山田さんが 結婚していることをご存じですか。
2 何年ぐらいのお付き合いですか。
3 お電話はなさいましたか。
4 昨日おっしゃったことですか。

Unit 40 겸양표현

01

정답_ 1 いただきます
2 拝見しました
3 申し上げます
4 おりません
5 存じております

해석_ **[보기] 곧 도착하겠습니다.**

1 그럼 일껏 차려주셨으니, 사양 않고 잘 먹겠습니다.
2 사진을 보았습니다.
3 저부터 말씀드리겠습니다.
4 사장님이라면 지금 안 계십니다.
5 성함은 알고 있습니다.

02

정답_ 1 お呼びいたしましょう
2 お手伝いいたしましょう
3 お持ちいたしましょう
4 お貸しいたしましょう

해석_ **[보기]** 오늘의 예정을 알려드리겠습니다.
  1 택시를 불러 드리겠습니다.
  2 도와 드리겠습니다.
  3 제가 들어 드리겠습니다.
  4 제가 빌려 드리겠습니다.

03

정답_ 1 でございます
  2 いらっしゃいますか
  3 お待ちください
  4 おりません
  5 お戻りになりますか
  6 お電話いたします

해석_ A: 네, 한국물산의 김[1]입니다.
  B: 여보세요. 일본물산의 나카무라입니다만, 이 과장님 [2]계십니까?
  A: 잠시만 [3]기다려 주십시오.
    죄송합니다만, 지금 자리에 [4]없습니다.
  B: 몇 시쯤 [5]돌아오십니까?
  A: 7시쯤에는 돌아올 거라고 생각합니다.
  B: 그럼 7시쯤 다시 [6]전화드리겠습니다.

 부사의 종류와 쓰임 (1)

01

정답_ 1 さっき   2 必ず   3 いくら   4 このあいだ

02

정답_ 1 あまり   2 仕方なく   3 きっと   4 思い切って
해석_ 1 그는 공부에는 별로 흥미가 없는 것 같습니다.
  2 가지고 있는 돈을 전부 써 버려서 할 수 없이 걸어서 돌아갔습니다.
  3 분명 김 씨도 온다고 생각해요.
  4 자신은 없지만 큰맘 먹고 해 보겠습니다.

03

정답_ 1 あまり   2 じっと   3 かなり   4 いつか

해석_ 1 나는 별로 운동은 흥미가 없습니다.
2 혼이 날 거라고 생각해 아무 말도 하지 않고 꼼짝 않고 있었습니다.
3 그녀의 첫인상은 상당히 강했습니다.
4 언젠가 한 번 정도는 일본에 가 보고 싶습니다.

04

정답_ 1 最近たまごダイエットがはやっているそうです。
2 試験に受かって思わずさけんでしまいました。
3 あまりにもおいしくて2杯も食べました。
4 遅かれ早かれ連絡ください。

Unit 42 부사의 종류와 쓰임 (2)

01

정답_ 1 だんだん　　2 そっと　　3 ぜひ　　4 ずっと

02

정답_ 1 どんどん　　2 突然　　3 とうとう
해석_ 1 많이 만들어 놓을 테니까 계속해서 드세요.
2 돌연 어떤 사람이 전화번호를 물어봐서 곤란했던 적이 있습니다.
3 결국 이별의 시간이 왔습니다.

03

정답_ 1 つい　　2 特に　　3 全部　　4 ちっとも　　5 どうせ
해석_ 1 비밀이었는데 무심코 말해 버리고 말았습니다.
2 특히 일본 요리에는 자신이 있습니다.
3 죄송하지만 전부 말해주시지 않겠습니까?
4 그런 이야기는 조금도 재미있지 않아요.
5 어차피 할 거라면 즐겁게 해요.

04

정답_ 1 疲れてつい地下鉄で寝てしまいました。
2 彼は約束の1時間前に突然予約をキャンセルした。
3 できれば一人で来てください。
4 どうしてもお酒がやめられません。

Unit 43 부사의 종류와 쓰임 (3)

01
정답_ 1 わざわざ　　2 もし　　3 はっきり　　4 なかなか

02
정답_ 1 前もって　　2 まったく　　3 もしかすると

해석_ 1 미리 말해 주었다면 좋았을 텐데…
2 그는(그와 관련된 것은) 전혀 신용할 수 없다.
3 어쩌면 가지고 올지도 모릅니다.

03
정답_ 1 にっこり　　2 なかなか　　3 やっと　　4 べつに　　5 非常に

해석_ 1 김 선배는 나를 보고 빙긋 웃어주었다.
2 조용하고, 분위기도 좋고 상당히 괜찮은 가게로군요.
3 매일 연습해서 겨우 운전을 할 수 있게 되었습니다.
4 별로 맛있지도 않은데 비싸네요.
5 그 영화를 보고 매우 감동을 받았습니다.

04
정답_ 1 部下は上司のためにわざとゲームに負けた。
2 今日はなんとなくお酒が飲みたいですね。
3 それがもう 2 年前のことですね。
4 もしかすると全員日本に行けるかもしれません。

Unit 44 접속사

01
정답_ 1 それから　　2 したがって　　3 そして　　4 しかし　　5 なぜならば
6 それなのに　　7 または　　8 それに　　9 たとえば　　10 それでは
11 ところで

 **조사**

01

정답_ 1 の 2 に 3 に 4 から 5 で
6 で 7 に 8 に 9 なら 10 で
11 まで・から 12 までに 13 ぐらい 14 で 15 ね

해석_ 1 건강을 위해 매일 운동을 하고 있습니다.
2 선생님 대신에 제가 가르쳐 보겠습니다.
3 백화점에서 일하고 있습니다.
4 그는 일본에서 왔습니다.
5 책상은 나무로 만듭니다.
6 수업중에는 영어로 말합시다.
7 합리적으로 생각해 주십시오.
8 모든 문제를 평화적으로 해결하는 쪽이 좋다.
9 만약 일을 한다면 본격적으로 하고 싶습니다.
10 어제는 감기로 학교를 쉬고 말았습니다.
11 회의는 3시까지 / 부터입니다.
12 9시까지 모여 주십시오.
13 3시간 정도 걸립니다.
14 오늘은 지하철로 왔습니다.
15 좋은 냄새가 나네요.

02

정답_ 1 から 2 に 3 に 4 で 5 では
6 では 7 の 8 にも, にも 9 に 10 でも, でも
11 に 12 に 13 と 14 に 15 で, て

해석_ 1 잼은 과일로 만듭니다.
2 여기에 쓰여 있는 주소로 옮겼습니다.
3 너무 커서 세 개로 나눴습니다.
4 제2외국어로 중국어를 선택했다.
5 그것은 내 것이 아니다.
6 지금까지 들었던 이야기는 전부 거짓이 아니다.
7 꽃이 핀 나무가 제 것입니다.
8 형은 아버지와도 어머니와도 닮지 않았습니다.
9 어제는 선생님과 만났습니다.
10 이것은 자동차도 자전거도 아닙니다.

11 어렸을 때부터 야구선수가 되고 싶었습니다.
12 겨우 밥 먹을 시간이 되었습니다.
13 일본어는 어렵다고 생각합니다.
14 선생님에게 상담하는 쪽이 좋을 거에요.
15 제 연인은 친절하고, 상냥하고, 언제나 웃는 얼굴을 하고 있습니다.

03

정답_ 1 までに   2 ばかり   3 で   4 に   5 を
6 に   7 も   8 に   9 で   10 ぐらい
11 で   12 から   13 が   14 ほど

해석_ [보기] 여동생은 일본에 살고 있습니다.

1 리포트는 수요일까지 제출해 주세요.
2 최근의 아이들은 자기가 좋아하는 것만 먹으려고 합니다.
3 아버지는 회사에서 일하고 계십니다.
4 형은 은행에 다니고 있습니다.
5 저는 매일 일본어 공부를 하고 있습니다.
6 A: 주문하시겠습니까?
　 B: 저는 주스로 할 게요.
7 우리 동네에는 유치원이 100곳 이상이나 있습니다.
8 친구를 마중하러 공항에 갑니다.
9 학원에서 영어를 공부하고 있습니다.
10 이길 전부 믹으려면 1시간 정도 걸립니다.
11 이 책상은 나무로 만듭니다.
12 이 술은 쌀로 만듭니다.
13 누군가 온 것 같은 기분이 드네요.
14 이 가게는 옆 가게만큼 비싸지 않습니다.

04

정답_ 1 から   2 が   3 が   4 が   5 で
6 で   7 で   8 で   9 で   10 に
11 に   12 に   13 に   14 に   15 に

해석_ [보기] 일본어를 할 수 있습니까?

1 여기서 버스정류장까지 별로 멀지 않습니다.
2 저는 노래를 좋아합니다.
3 처음으로 결혼생활의 어려움을 알았습니다.
4 돈이 있다면, 무엇을 하고 싶습니까?

5 은행에서 일하고 있습니다.
6 10분만에 달려갈 수 있습니다.
7 두 개에 얼마입니까?
8 학교에서 공부합니다.
9 저는 미국에서 일을 하고 있습니다.
10 누군가와 닮았다는 말을 듣지 않습니까?
11 여름방학 때는 친구들과 여행을 갑니다.
12 버스를 타고 집에 돌아갑니다.
13 보통 친구를 만나면 무엇을 합니까?
14 회사로 향하고 있습니다.
15 신문은 어디에 있습니까?

05

정답
1 C 2 A 3 A 4 C 5 B
6 A 7 C 8 D 9 A 10 D
11 A 12 D 13 D 14 D 15 A

해석
1 아무리 뜨거워도 라면이라면 5분만에 먹을 수 있습니다.
2 뭐라고 하는 동물입니까?
3 태풍으로 차가 부서졌습니다.
4 내일이 시험이라서 오늘은 너와 놀 수 없다.
5 회의는 몇 시에 시작하는지 알고 있습니까?
6 비는 오고 있지만 춥지 않습니다.
7 저 가게는 불친절하고 요리도 맛이 없습니다.
8 야마다 씨는 공부도 잘하고 피아노도 잘 치네요.
9 걸어가면서 전화를 하지 말아 주세요.
10 오늘은 약속이 있기 때문에 먼저 실례하겠습니다.
11 남편은 39도나 열이 있는데도 회사에 갔습니다.
12 이 동네는 조용하고 깨끗해서 살기 좋습니다.
13 제 남자친구는 상냥하고, 머리도 좋고, 성격도 좋습니다.
14 아침에, 신문을 읽는 데 두 시간이나 걸렸습니다.
15 돈도 없고, 일본어도 잘 모르고, 정말로 큰일이었습니다.

스쿠스쿠 일본어
완전 활용 사이드북

목 차

목차 _ 02

1 여러 가지 숫자 읽기
01 수사 _ 04
02 조수사 _ 05
03 날짜 _ 07
04 시, 분 _ 08

2 형용사 기초 다지기
01 형용사 기본 어휘 익히기 _ 10
02 형용사 활용 정리 _ 12

3 동사 기초 다지기
01 동사 기본 어휘 익히기 _ 14
02 동사 활용 정리 _ 18
03 동사의 て형과 た형 _ 20

4 단어 완성 암기장 _ 23

1

여러 가지
숫자 읽기

01 수사

❶ 수사는 순서나 양을 나타내는 숫자로, 뜻으로 읽거나(訓読: 하나, 둘, 셋…), 한자식 발음으로(音読: 일, 이, 삼…)읽을 수 있다.

수	1	2	3	4	5	6	7	8	9	10
음독	いち	に	さん	し (よん)	ご	ろく	しち (なな)	はち	く (きゅう)	じゅう
훈독	ひとつ	ふたつ	みっつ	よっつ	いつつ	むっつ	ななつ	やっつ	ここのつ	とお

❷ 4, 7, 9는 숫자가 단독으로 쓰일 땐 훈독과 음독, 두 가지 발음으로 모두 읽을 수 있지만, 뒤에 조수사가 붙어 사용되는 경우에는 각각 4(よん), 7(なな), 9(きゅう)로 읽는 것이 일반적이다.

10	20	30	40	50	60	70	80	90	100
じゅう	にじゅう	さんじゅう	よんじゅう	ごじゅう	ろくじゅう	なな(しち)じゅう	はちじゅう	きゅう(く)じゅう	ひゃく

100	200	300	400	500	600	700	800	900	1000
ひゃく	にひゃく	さんびゃく	よんひゃく	ごひゃく	ろっぴゃく	ななひゃく	はっぴゃく	きゅうひゃく	せん

1000	2000	3000	4000	5000	6000	7000	8000	9000	10000
せん	にせん	さんぜん	よんせん	ごせん	ろくせん	ななせん	はっせん	きゅうせん	いちまん

10000	20000	30000	40000	50000	60000	70000	80000	90000	100000
いちまん	にまん	さんまん	よんまん	ごまん	ろくまん	ななまん	はちまん	きゅうまん	じゅうまん

1億	2億	3億	4億	5億	6億	7億	8億	9億	10億
いちおく	におく	さんおく	よんおく	ごおく	ろくおく	ななおく	はちおく	きゅうおく	じゅうおく

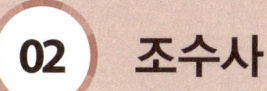
조수사

❶ 조수사는 수를 세는 단위를 말하는데, 세는 물건에 따라서 그 종류가 다양하게 나뉜다.

～まい(枚)	～だい(台)	～さい(才)	～こ(個)	～ほん(本)	～ひき(匹)
～장(매수)	～대(자동차 등)	～살(나이)	～개(갯수)	～개비, 자루 (긴 것을 셀 때)	～마리

❷ 조수사의 첫 발음이 유성음인 경우 숫자의 변동이 없다.

■ 「～まい(枚)」: 종이, 티셔츠 등 얇은 것을 셀 때 쓴다.

1枚	2枚	3枚	4枚	5枚	6枚	7枚	8枚	9枚	10枚
いちまい	にまい	さんまい	よんまい	ごまい	ろくまい	ななまい	はちまい	きゅうまい	じゅうまい

■ 「～だい(台)」: 텔레비전, 자동차 등 기계류를 셀 때 쓴다.

1台	2台	3台	4台	5台	6台	7台	8台	9台	10台
いちだい	にだい	さんだい	よんだい	ごだい	ろくだい	ななだい	はちだい	きゅうだい	じゅうだい

❸ 조수사의 첫 발음이 무성음(か행, さ행, た행, は행)인 경우 숫자 1, 6, 8, 10 뒤에서 발음이 강해지는 현상을 보이므로 유의하자.

■ 「～こ(個)」: 개수를 셀 때 쓴다. 여러 가지 물건을 통틀어 일반적으로 가장 많이 쓰인다.

1個	2個	3個	4個	5個	6個	7個	8個	9個	10個
いっこ	にこ	さんこ	よんこ	ごこ	ろっこ	ななこ	はっこ	きゅうこ	じゅっこ

■ 「～ほん(本)」: 우산(개), 펜(자루), 나무(그루), 성냥(개비), 머리카락(가닥) 등 길이감이 있는 것을 셀 때 쓴다.

1本	2本	3本	4本	5本	6本	7本	8本	9本	10本
いっぽん	にほん	さんぼん	よんほん	ごほん	ろっぽん	ななほん	はっぽん	きゅうほん	じゅっぽん

■ 「～かい(回)」: '~회, ~번' 등 횟수를 셀 때 쓴다.

1回	2回	3回	4回	5回	6回	7回	8回	9回	10回
いっかい	にかい	さんかい	よんかい	ごかい	ろっかい	ななかい	はっかい	きゅうかい	じゅっかい

❹ 다음 조수사는 숫자 발음을 이용하지 않으므로 외워 두도록 하자.

■ 「～つ」: '~개'

1つ	2つ	3つ	4つ	5つ	6つ	7つ	8つ	9つ	10つ
ひとつ	ふたつ	みっつ	よっつ	いつつ	むっつ	ななつ	やっつ	ここのつ	とお

> **先生のコメント**
>
> 우리말의 장단 액센트와 달리 일본어에는 고저 액센트가 있습니다. 그래서 쉬운 일본어 발음이라도 큰소리로 정확하게 따라 읽는 연습이 매우 중요합니다.
> 특히 히라가나의 발음 중에는 탁음, 반탁음, 장음, 유음, 촉음 등 정확하게 알아듣기 어려운 발음이 있으므로 스스로 자신의 발음을 듣는다는 자세로 큰 소리로 읽어보세요.

# 03 날짜

■ 요일(曜日)

月曜日	火曜日	水曜日	木曜日	金曜日	土曜日	日曜日
げつようび	かようび	すいようび	もくようび	きんようび	どようび	にちようび

■ 날짜(日)

一日	二日	三日	四日	五日	六日	七日	八日	九日	十日
ついたち	ふつか	みっか	よっか	いつか	むいか	なのか	ようか	ここのか	とおか
十一日	十二日	十三日	十四日	十五日	十六日	十七日	十八日	十九日	二十日
じゅういちにち	じゅうににち	じゅうさんにち	じゅうよっか	じゅうごにち	じゅうろくにち	じゅうしちにち	じゅうはちにち	じゅうくにち	はつか
二十一日	二十二日	二十三日	二十四日	二十五日	二十六日	二十七日	二十八日	二十九日	三十日
にじゅういちにち	にじゅうににち	にじゅうさんにち	にじゅうよっか	にじゅうごにち	にじゅうろくにち	にじゅうしちにち	にじゅうはちにち	にじゅうきゅうにち	さんじゅうにち

三十一日
さんじゅういちにち

■ 월(月)

一月	二月	三月	四月	五月	六月	七月	八月	九月	十月
いちがつ	にがつ	さんがつ	しがつ	ごがつ	ろくがつ	しちがつ	はちがつ	くがつ	じゅうがつ

十一月	十二月
じゅういちがつ	じゅうにがつ

04 시, 분

■ 시(時)

一時	二時	三時	四時	五時	六時	七時	八時	九時	十時
いちじ	にじ	さんじ	よじ	ごじ	ろくじ	しちじ	はちじ	くじ	じゅうじ
十一時	十二時								
じゅういちじ	じゅうにじ								

■ 분(分): 앞에 오는 숫자에 따라 ぷん, ふん으로 각기 다르게 발음되므로 주의하자.

一分	二分	三分	四分	五分	六分	七分	八分	九分	十分
いっぷん	にふん	さんぷん	よんぷん	ごふん	ろっぷん	ななふん	はっぷん	きゅうふん	じゅっぷん
十一分	十二分	十三分	十四分	十五分	十六分	十七分	十八分	十九分	二十分
じゅういっぷん	じゅうにふん	じゅうさんぷん	じゅうよんぷん	じゅうごふん	じゅうろっぷん	じゅうななふん	じゅうはっぷん	じゅうきゅうふん	にじゅっぷん

2

형용사 기초 다지기

 # 형용사 기본 어휘 익히기

❶ イ형용사

비싸다	高(たか)い(→安(やす)い)	하얗다	白(しろ)い(→黒(くろ)い)
바쁘다	忙(いそが)しい	달다	甘(あま)い
새롭다	新(あたら)しい(→古(ふる)い)	맵다	辛(から)い
덥다	暑(あつ)い(→寒(さむ)い)	훌륭하다	すばらしい
많다	多(おお)い(→少(すく)ない)	부럽다	うらやましい
크다	大(おお)きい(→小(ちい)さい)	착하다	やさしい
젊다	若(わか)い	좋다	いい・よい
슬프다	悲(かな)しい(→嬉(うれ)しい)	나쁘다	悪(わる)い
따뜻하다	暖(あたた)かい(→涼(すず)しい)	귀엽다	かわいい
가지고 싶다	ほしい	대단하다	すごい
맛있다	おいしい	나른하다	だるい
없다	ない	재미있다	面白(おもしろ)い
시끄럽다	うるさい	즐겁다	楽(たの)しい
멋있다	かっこいい	가볍다	軽(かる)い(→重(おも)い)
엄하다	厳(きび)しい	멀다	遠(とお)い(→近(ちか)い)

❷ ナ형용사

건강하다	元気(げんき)だ	훌륭하다	立派(りっぱ)だ
조용하다	静(しず)かだ(↔にぎやかだ)	적당하다	適当(てきとう)だ
유명하다	有名(ゆうめい)だ	똑같다	同(おな)じだ
핸섬하다	ハンサムだ	다양하다	いろいろだ
좋아하다	好(す)きだ(↔嫌(きら)いだ)	무리다	無理(むり)だ
잘한다	上手(じょうず)だ(↔下手(へた)だ)	한가하다	暇(ひま)だ
편리하다	便利(べんり)だ(↔不便(ふべん)だ)	안 된다	だめだ
간단하다	簡単(かんたん)だ(↔複雑(ふくざつ)だ)	이상하다	変(へん)だ
튼튼하다	丈夫(じょうぶ)だ	근사하다	素敵(すてき)だ
편하다	楽(らく)だ	유감스럽다	ざんねんだ
깨끗하다, 아름답다	きれいだ	자유롭다	自由(じゆう)だ

先生のコメント

어쩌다 한번씩 마음 먹고 날을 잡아서 1시간, 2시간 공부하기 보다는 매일 조금씩이라도 규칙적으로 학습하는 것이 효과적입니다. 예를 들면 점심 먹기 전 15분이라든지 하루 일과를 모두 끝낸 뒤 잠자리에 들기 전 15분, 이렇게 말이죠.

특히 외국어 학습은 무엇보다 과정이 즐거워야 빠른 실력 향상에 가장 도움이 됩니다. 학습 시간의 길이에 신경쓰기보다는 즐거운 학습방법에 중점을 두고 찾아 보세요.

02 형용사 활용 정리

① イ형용사

おいしい	맛있다
おいしくありません	맛있지 않습니다
おいしくないです	맛있지 않아요
おいしくない	맛있지 않다
おいしい料理	맛있는 요리
おいしくて	맛있고, 맛있어서
おいしかった	맛있었다
おいしかったです	맛있었어요
おいしければ	맛있으면
おいしく	맛있게
おいしくなる	맛있어지다, 맛있게 되다

② ナ형용사

元気だ	건강하다
元気じゃありません	건강하지 않습니다
元気じゃないです	건강하지 않아요
元気じゃない	건강하지 않다
元気な先生	건강한 선생님
元気で	건강하고, 건강해서
元気だった	건강했다
元気でした	건강했어요
元気なら(ば)	건강하면
元気に	건강하게, 건강히
元気になる	건강해지다

3

동사
기초 다지기

동사 기본 어휘 익히기

う	会う 만나다	買う 사다	歌う 노래하다
	習う 배우다	通う 다니다	もらう 받다
	使う 사용하다	思う 생각하다	吸う 피다
	酔う 취하다	手伝う 돕다	間に合う 시간에 맞추다
	誘う 권하다	笑う 웃다	疑う 의심하다
	しまう 간수하다	違う 다르다	払う 지불하다
	言う 말하다		
く	行く 가다	聞く 듣다	書く 쓰다
	弾く 치다	歩く 걷다	置く 두다
	磨く 닦다	泣く 울다	履く 신다
	働く 일하다	風邪を引く 감기에 걸리다	咲く 피다
	驚く 놀라다	鳴く 울다	開く 열리다
	動く 움직이다		
ぐ	泳ぐ 수영하다	急ぐ 서두르다	脱ぐ 벗다
	騒ぐ 소란피우다		
す	話す 이야기하다	貸す 빌려주다	無くす 잃다
	汚す 더럽히다	伸ばす 늘이다	探す 찾다
	書き直す 다시 쓰다	壊す 부수다	出す 꺼내다
	引っ越す 이사하다	返す 돌려주다	刺す 찌르다
	押す 밀다	消す 끄다	
つ	待つ 기다리다	持つ 들다	立つ 서다
	役に立つ 도움이 되다		

ぬ	死ぬ 죽다		
ぶ	遊ぶ 놀다 並ぶ 줄 서다	呼ぶ 부르다 喜ぶ 기뻐하다	選ぶ 선택하다
む	飲む 마시다 頼む 부탁하다 踏む 밟다	読む 읽다 道が込む 길이 밀리다 楽しむ 즐기다	休む 쉬다 盗む 도둑맞다 住む 살다
る (1그룹)	乗る 타다 頑張る 분발하다 作る 만들다 おごる 한턱 내다 泊まる 숙박하다 たまる 쌓이다 止まる 멈추어서다 サボる 빼먹다 する 소매치기하다 貼る 붙이다 気になる 신경 쓰이다 困る 곤란하다 見つかる 발견되다 要る 필요하다 入る 들어가다	踊る 춤추다 座る 앉다 ある 있다 送る 보내다 降る 내리다 受かる 합격하다 流行る 유행하다 怒る 화내다 殴る 때리다 いやがる 싫어하다 上がる 오르다 かかる 걸리다 やる 하다 知る 알다 走る 달리다	わかる 알다 太る 살찌다 治る 낫다 終わる 끝나다 登る 오르다 守る 지키다 無くなる 없어지다 叱る 야단치다 残る 남다 祈る 기도하다 曲がる 돌다 見て回る 보고 돌다 戻る 되돌아가다 帰る 돌아가다 切る 자르다

る (2그룹)	見る 보다	食べる 먹다	起きる 일어나다
	寝る 자다	かける 걸다	降りる 내리다
	乗り換える 갈아타다	覚える 외우다	捨てる 버리다
	始める 시작하다	見せる 보여주다	いる 있다
	開ける 열다	やめる 그만두다	できる 할 수 있다
	教える 가르치다	信じる 믿다	遅れる 늦다
	やせる 살 빼다	出る 나오다	借りる 빌리다
	着る 입다	忘れる 잊다	倒れる 쓰러지다
	落ちる 떨어지다	受ける 받다	いじめる 괴롭히다
	出かける 외출하다	別れる 헤어지다	ほめる 칭찬하다
	入れる 넣다	片付ける 정리하다	確かめる 확인하다
	届ける 신고하다	閉める 닫다	止める 멈춰 세우다
	迎える 마중하다	比べる 비교하다	考える 생각하다
	つける 켜다	感じる 느끼다	気をつける 주의하다
	咲き始める 피기 시작하다	知らせる 알리다	勤める 근무하다
	建てる 짓다	貯める 모으다	調べる 조사하다
	助ける 구하다	投げる 던지다	間違える 잘못 알다
	訪ねる 방문하다	話しかける 말을 걸다	壊れる 고장 나다
	足りる 충분하다		
くる	つれてくる 데리고 오다	持ってくる 가지고 오다	

する	運動（うんどう）する 운동하다	練習（れんしゅう）する 연습하다	のんびりする 한가로이 쉬다
	ごろごろする 빈둥거리다	留学（りゅうがく）する 유학 가다	遅刻（ちこく）する 지각하다
	見物（けんぶつ）する 구경하다	結婚（けっこん）する 결혼하다	努力（どりょく）する 노력하다
	運転（うんてん）する 운전하다	合格（ごうかく）する 합격하다	紹介（しょうかい）する 소개하다
	心配（しんぱい）する 걱정하다	予約（よやく）する 예약하다	招待（しょうたい）する 초대하다
	想像（そうぞう）する 상상하다	出張（しゅっちょう）する 출장 가다	生活（せいかつ）する 생활하다
	連絡（れんらく）する 연락하다	確認（かくにん）する 확인하다	安心（あんしん）する 안심하다
	相談（そうだん）する 상담하다	配慮（はいりょ）する 배려하다	

先生のコメント

문법 학습이 회화나 독해보다 딱딱하게 느껴지는 것은 사실이지만, 일본어를 모국어로 하는 이들이 오랜 시간에 걸쳐 익힌 표현을 책상에 앉아서 단시간에 익히기 위해서는 문법 지식이 꼭! 필요합니다.
문법을 공부하다 보면 어렵게 느껴지는 부분들이 있을 텐데요, 그럴 때는 포기하는 것이 아니라 부딪혀서 이겨내야 한다는 사실을 잊지 마세요! 잠시 교재를 덮고 일본어와 관련된 가볍고 재미있는 책을 찾아 서점을 향해보는 건 어떨까요?

02 동사 활용 정리

❶ a단 활용

行かない	안 간다, 가지 않는다, 안 가
行かないで	가지 않고(~하다)
行かないでください	가지 마세요
行かない方がいいです	안 가는 쪽이 나아요
行かなければなりません	가지 않으면 안 됩니다
行かなくてもいいです	안 가도 되요
行かなくてはだめです	가지 않아서는 안 됩니다

❷ i단 활용

行きます	갑니다
行きましょう	갑시다
行きながら	가면서
行きたい	가고 싶다
行きたがる	가고 싶어하다
行き方	가는 방법
行き始める	가기 시작하다
行きつづける	계속해서 가다
行きなおす	다시 가다
行きわすれる	가는 것을 잊다
行きおわる	다 가다
行きすぎる	너무 가다
行きやすい	가기 쉽다, 가기 좋다, 가기 편하다
行きにくい	가기 어렵다, 가기 힘들다, 가기 불편하다

❸ u단 활용

行くことがある	가는 수가 있다, 가는 경우가 있다
行くな	가지 마
行くから	가니까

行くので	가므로
行くのに	가는 데도 불구하고
行くつもり	갈 생각
行く予定	갈 예정
行くかもしれません	갈지도 몰라요
行くことができる	갈 수 있다
行くはず	당연히 갈 것이다
行くそうだ	간다고 한다
行くために	가기 위해서
行くかどうか	갈지 말지
行くことになる	가기로 되다
行くことにする	가기로 하다
行くように	가도록
行くようにする	가도록 하다
行くようになる	가도록 되다(가게 되다)
行くところ	가려던 참
行くでしょう	가겠죠, 갈 거에요
行くだろう	가겠지, 갈 거야
行くし	가는데다가

❹ e단 활용

| 行ける | 갈 수 있다 |
| 行けば | 가면 |

❺ o단 활용

行こう	가자, 가야지
行こうとする	가려고 한다
行こうと思う	가려고 생각한다

03 동사의 て형과 た형

1그룹	～う, ～つ, ～る	→	～って, ～った
	～ぬ, ～む, ～ぶ	→	～んで, ～んだ
	～く, ～ぐ	→	～いて(いで), ～いた(いだ)
	～す	→	～して, ～した
	[例外] 行く	→	行って, 行った
2그룹	～る	→	～て, ～た
3그룹	来る	→	来て, 来た
	する	→	して, した

❶ て형 활용

作って	만들고
作っても	만들어도
作ってから	만들고 나서
作ってください	만들어 주세요
作っている	만들고 있다
作ってもいい	만들어도 좋다
作ってもかまわない	만들어도 상관없다
作ってはいけない	만들어서는 안 된다
作ってはだめだ	만들어서는 안 된다
作ってしまう	만들어 버리다
作ってみる	만들어 보다
作ってくる	만들어 오다
作っておく	만들어 놓다(두다)

❷ た형 활용

作った	만들었다
作ったら	만들면
作ったあとで	만든 다음에
作ったまま	만든 채로
作ったばかり	만든 지 얼마 안 된다
作った方(ほう)がいい	만드는 쪽이 좋다
作ったらどう	만들면 어때?
作ったことがある	만든 적이 있다
作ったところ	이제 막 만들었다
作ったり〜たりする	만들거나 〜거나 한다

先生のコメント

초심은 잊혀지고 공부에 슬럼프가 느껴지나요?
열심히 공부해도 원하는 결과가 바로 나타나지 않을 때는, 공부 시간을 늘리기보다는 새로운 공부 방법을 시도해 보세요. 가끔은 일본인이 된 듯 억양, 표정, 몸짓 등등 흉내도 내며 따라 해 본다든지~ 일본어 공부가 재미있어지는 방법의 하나랍니다.
 그리고 지치고 피로해질 땐 눈 주위를 지압해 보세요. 단어가 쏙쏙 잘 들어올 거예요.
아니면 슈퍼로 달려가 좋아하는 맛난 것들을 잔뜩 사와 보는 것은 어떨까요? ^^ 어쩌면 새로운 기운으로 충전될지도~!

4

단어 완성
암기장

Unit 1

私	わたし	나, 저
大学生	だいがくせい	대학생
これ		이것
オレンジジュース		오렌지 주스
あなた		당신, 너
車	くるま	차
日曜日	にちようび	일요일
彼	かれ	그, 그 남자
かばん		가방
あれ		저것
先生	せんせい	선생님
本	ほん	책
夢	ゆめ	꿈
医者	いしゃ	의사
水曜日	すいようび	수요일
日本人	にほんじん	일본인
韓国人	かんこくじん	한국인
辞書	じしょ	사전

Unit 2

誕生日	たんじょうび	생일
彼女	かのじょ	그녀
有名だ	ゆうめいだ	유명하다
タレント		탤런트
料理	りょうり	요리
カルビ		갈비
雑誌	ざっし	잡지
あそこ		저기
公園	こうえん	공원
学校	がっこう	학교

Unit 3

部長	ぶちょう	부장
社長	しゃちょう	사장
昨日	きのう	어제
部屋	へや	방
中	なか	안, 속, 가운데
人	ひと	사람
運動選手	うんどうせんしゅ	운동선수
一緒に	いっしょに	함께, 같이

正解	せいかい	해답, 정답
トイレ		화장실
置く	おく	두다, 놓다
誰	だれ	누구
明日	あした	내일
ソウルタワー		서울타워
ここ		여기

傘	かさ	우산
早く	はやく	빨리
存在	そんざい	존재
店	みせ	가게
健康	けんこう	건강
いくら		얼마, 아무리
スタイル		스타일
世の中	よのなか	이 세상
町	まち	마을, 동네
友達	ともだち	친구
白い	しろい	희다
黒い	くろい	검다

今日	きょう	오늘
ドラマ		드라마
背	せ	등, 키
顔	かお	얼굴
教室	きょうしつ	교실
物価	ぶっか	물가
頭	あたま	머리
今回	こんかい	이번
成績	せいせき	성적
トッポキ		떡볶이
いつも		언제나, 항상
ケイタイ		휴대폰
心	こころ	마음

Unit 6

先週	せんしゅう	저번 주
テスト		테스트, 시험
去年	きょねん	작년
期間	きかん	기간
レストラン		레스토랑
サービス		서비스
冬	ふゆ	겨울
特に	とくに	특히
母	はは	어머니(남에게 말할 때)
ハワイ		하와이
思ったより	おもったより	생각보다
休みの日	やすみのひ	휴일

Unit 7

採用	さいよう	채용
合格	ごうかく	합격
気分	きぶん	기분
ダイヤ		다이아
毎日	まいにち	매일
遅刻	ちこく	지각
家	いえ	집
風	かぜ	바람
なぜか		왠지
見える	みえる	보이다
シャワーを浴びる	シャワーをあびる	샤워하다
塩	しお	소금
入れる	いれる	넣다
ほど		~정도, 만큼
けど		~만
他	ほか	다른, 그 밖
問題	もんだい	문제
挑戦する	ちょうせんする	도전하다
映画	えいが	영화
タイ		넥타이
今頃	いまごろ	지금쯤

Unit 8

高い	たかい	높다, 비싸다
寒い	さむい	춥다
悲しい	かなしい	슬프다

深い	ふかい	깊다
明るい	あかるい	밝다
青い	あおい	푸르다
細い	ほそい	가늘다
長い	ながい	길다
強い	つよい	강하다
息	いき	숨
苦しい	くるしい	괴롭다
辛い	からい	맵다

Unit 9

声	こえ	목소리
代理	だいり	대리
ビル		빌딩
パソコン		컴퓨터
教室	きょうしつ	교실
フランス語	フランスご	프랑스어
タイプ		타입
エジソン		에디슨
スーパー		슈퍼마켓, 마트

Unit 10

道具	どうぐ	도구
昔	むかし	옛날
故郷	こきょう	고향
ジャズ		재즈
いす		의자
ピアノ		피아노

Unit 11

ちょっと		조금, 잠시
歌	うた	노래
退院	たいいん	퇴원
いつか		언젠가
掃除をする	そうじをする	청소를 하다
すし		초밥

Unit 12

魅力	みりょく	매력
清潔だ	せいけつだ	청결하다
親切だ	しんせつだ	친절하다

大変だ	たいへんだ	힘들다, 큰일이다
簡単だ	かんたんだ	간단하다
静かだ	しずかだ	조용하다
華やかだ	はなやかだ	화려하다
甘い物	あまいもの	단 것
物	もの	물건, 것
お願いします	おねがいします	부탁합니다
デザイン		디자인
どうして		왜

エレベーター		엘리베이터
右	みぎ	오른쪽
子供	こども	아이
女の子	おんなのこ	여자아이
男の子	おとこのこ	남자아이
受け付け	うけつけ	접수처
近く	ちかく	근처
駅	えき	역
この先	このさき	요 앞
道	みち	길
動物園	どうぶつえん	동물원
ゾウ		코끼리
ラクダ		낙타
トラ		호랑이
職員室	しょくいんしつ	직원실
変わった人	かわったひと	별난 사람, 특이한 사람
そば		옆
コンビニ		편의점
はこ		상자
勤め先	つとめさき	근무처
それぞれ		각각
国	くに	나라
固有	こゆう	고유
文化	ぶんか	문화
オリンピック		올림픽
熱	ねつ	열
君	きみ	자네, 너
幸せだ	しあわせだ	행복하다
着信あり	ちゃくしんあり	부재중 전화

となり		옆
住む	すむ	살다
所	ところ	곳
美術館	びじゅつかん	미술관
ゴミばこ		쓰레기통
ちゃわん		밥공기, 그릇
団地	だんち	단지
庭	にわ	뜰, 마당
花	はな	꽃
猫	ねこ	고양이
妹	いもうと	여동생
ほくろ		점
野球場	やきゅうじょう	야구장
ポスト		우체통
間	あいだ	사이
冷蔵庫	れいぞうこ	냉장고

会う	あう	만나다
行く	いく	가다
話す	はなす	이야기하다
待つ	まつ	기다리다
死ぬ	しぬ	죽다
遊ぶ	あそぶ	놀다
飲む	のむ	마시다
頼む	たのむ	부탁하다
探す	さがす	찾다
頑張る	がんばる	분발하다
送る	おくる	보내다
乗る	のる	타다
知る	しる	알다
要る	いる	필요하다
切る	きる	자르다
走る	はしる	달리다
握る	にぎる	쥐다
蹴る	ける	차다
しゃべる		잡담하다
帰る	かえる	돌아가다
照る	てる	(해, 달 등이)비치다
すべる		미끄러지다

開ける	あける	열다
やめる		그만두다
入学する	にゅうがくする	입학하다
卒業する	そつぎょうする	졸업하다
旅行する	りょこうする	여행하다
質問する	しつもんする	질문하다
着る	きる	입다
座る	すわる	앉다
泳ぐ	およぐ	수영하다
聞く	きく	듣다
起きる	おきる	일어나다
買う	かう	사다
招待する	しょうたいする	초대하다
登る	のぼる	오르다
想像する	そうぞうする	상상하다
押す	おす	누르다
喜ぶ	よろこぶ	기뻐하다
予約する	よやくする	예약하다
比べる	くらべる	비교하다
終わる	おわる	끝나다
始める	はじめる	시작하다
出る	でる	나오다
入る	はいる	들어가다
寝る	ねる	자다
閉める	しめる	닫다
働く	はたらく	일하다
勉強する	べんきょうする	공부하다
ジョギングする		조깅하다
サンドイッチ		샌드위치
カフェラッテ		카페라떼
ランチ		런치, 점심식사
お風呂に入る	おふろにはいる	목욕하다

Unit 15

缶コーヒー	かんコーヒー	캔커피
甘すぎる	あますぎる	너무 달다
落とす	おとす	떨어뜨리다, 잃다
指輪	ゆびわ	반지
見つかる	みつかる	발견되다
最高	さいこう	최고

止まる	とまる	멈춰서다
電車	でんしゃ	전철
急行	きゅうこう	급행
間に合う	まにあう	시간에 대다
やり直す	やりなおす	다시 하다, 고쳐 하다
歩く	あるく	걷다
欠かす	かかす	빠트리다
つれて行く	つれていく	데리고 가다
病院	びょういん	병원
撮影	さつえい	촬영
三日坊主	みっかぼうず	작심삼일
来月	らいげつ	다음달
見学	けんがく	견학
集まる	あつまる	모이다
最近	さいきん	최근
もっと		더욱
お皿	おさら	접시
洗う	あらう	씻다
結婚式	けっこんしき	결혼식
すべて		모두, 전부
忘れる	わすれる	잊다
一杯	いっぱい	한 잔, 가볍게 술을 마심

泣く	なく	울다
食べ慣れる	たべなれる	먹어서 익숙하다
あげる		주다
テレフォンカード		전화 카드
日本語能力試験	にほんごのうりょくしけん	일본어 능력시험
出題傾向	しゅつだいけいこう	출제 경향
調べる	しらべる	조사하다
自身	じしん	자신
諦める	あきらめる	포기하다
考える	かんがえる	생각하다
天職	てんしょく	천직
別れる	わかれる	헤어지다
燃える	もえる	타다
ゴミ		쓰레기
ホラー映画	ホラーえいが	공포영화
生まれる	うまれる	태어나다

とにかく		아무튼
続ける	つづける	계속하다
場所	ばしょ	장소
決める	きめる	결정하다
借りる	かりる	빌리다
もうすぐ		이제 곧
ゲーム		게임

Unit 17

どうして		왜
買って来る	かってくる	사 오다
持って来る	もってくる	가지고 오다
宿題	しゅくだい	숙제
外見	がいけん	외견
判断する	はんだんする	판단하다
図書館	としょかん	도서관
おしゃべりする		잡담하다
ささいなこと		사소한 일
たいてい		대개
週末	しゅうまつ	주말
のんびりする		한가로이 쉬다
出発する	しゅっぱつする	출발하다
今朝	けさ	오늘 아침
朝寝坊する	あさねぼうする	늦잠 자다
完成する	かんせいする	완성하다
自分	じぶん	자기, 자신
カフェ		카페
雰囲気	ふんいき	분위기
風邪を引く	かぜをひく	감기에 걸리다
相談する	そうだんする	상담하다
幼稚園	ようちえん	유치원
奨学金	しょうがくきん	장학금
もらう		받다
アルバイト		아르바이트
遠慮する	えんりょする	사양하다
できるだけ		가능한 한
欠席する	けっせきする	결석하다
どのくらい		어느 정도
珍しい	めずらしい	진귀하다
大事にする	だいじにする	소중히 하다

休む	やすむ	쉬다
休まずに	やすまずに	쉬지 않고
注意する	ちゅういする	주의하다
しっかりする		정신차리다
疲れる	つかれる	피곤하다
休憩する	きゅうけいする	쉬다, 휴식하다
喫茶店	きっさてん	찻집
精神	せいしん	정신
祝う	いわう	축하하다
乾杯する	かんぱいする	건배하다
真夜中	まよなか	한밤중
びっくりする		깜짝 놀라다

趣味	しゅみ	취미
会話	かいわ	회화
室内	しつない	실내
化粧品	けしょうひん	화장품
ポーチ		파우치
引っ越す	ひっこす	이사하다
家賃	やちん	집세
知る	しる	알다
ルール		규칙
食事	しょくじ	식사

Unit 19

高校時代	こうこうじだい	고등학교 시절
偶然	ぐうぜん	우연히
置く	おく	놓다, 두다
残業	ざんぎょう	잔업
残る	のこる	남다
夕べ	ゆうべ	어젯밤
地震	じしん	지진
けが		상처
小説	しょうせつ	소설
感動	かんどう	감동
一生懸命	いっしょうけんめい	열심히
お金持ち	おかねもち	부자
生かす	いかす	살리다
適性	てきせい	적성

進む	すすむ	나아가다
重要	じゅうよう	중요
曲がる	まがる	구부러지다
まっすぐ		곧장, 똑바로
仲良く	なかよく	사이좋게

Unit 20

注文	ちゅうもん	주문
服	ふく	옷
実物	じつぶつ	실물
失望	しつぼう	실망
運転試験	うんてんしけん	운전 시험
お見合い	おみあい	맞선
美容室	びようしつ	미용실
タレント		탤런트
サイン		사인
玉ねぎ	たまねぎ	양파
やせる		살이 빠지다, 마르다
病気	びょうき	병, 질병
片付ける	かたづける	정리하다, 정돈하다
むくむ		(몸이)붓다

Unit 21

ズボン		바지
探す	さがす	찾다
交通事故	こうつうじこ	교통사고
のぼる		이르다
イタリア産	イタリアさん	이태리산
ワイン		와인
夜明け	よあけ	새벽
まっかな		새빨간
バラ		장미
咲く	さく	피다
南	みなみ	남쪽
島	しま	섬
芸能人	げいのうじん	예능인
交わす	かわす	나누다, 교환하다
理由	りゆう	이유
からかう		비웃다
飛ぶ	とぶ	날다

ゆっくり		푹
コンサートホール		콘서트 홀
材料	ざいりょう	재료
文法	ぶんぽう	문법
～について		～에 관해서

言語	げんご	언어
こそ		～야말로
打ち明ける	うちあける	밝히다, 고백하다
思い切って	おもいきって	과감히
徹夜	てつや	철야
喧嘩	けんか	싸움
ゆれる		흔들리다
抱きしめる	だきしめる	포옹하다, 껴안다
すすめる		나아가게 하다
答える	こたえる	대답하다, 답변하다
そらす		피하다
みがく		닦다
呼ぶ	よぶ	부르다
道が込む	みちがこむ	길이 막히다
許す	ゆるす	허락하다
余る	あまる	남다
ならべる		죽 늘어놓다, 가지런히 진열하다
受ける	うける	받다
バイト先	バイトさき	아르바이트하는 곳
お客	おきゃく	손님

捨てる	すてる	버리다
世界	せかい	세계
旅行	りょこう	여행
電話機	でんわき	전화기
国際電話	こくさいでんわ	국제전화
ただ		공짜, 단지
お陰	おかげ	덕분
思い出	おもいで	추억
乗り物	のりもの	탈 것, 교통 수단
以下	いか	이하
お子さん	おこさん	자제분, 자녀분

旦那	だんな	남편
皿洗い	さらあらい	설거지
チケット		티켓
カナダ		캐나다
繁華街	はんかがい	번화가
おんぶする		업다
案内	あんない	안내
秒	びょう	초
ストロー		빨대
焼酎	しょうちゅう	소주
息をする	いきをする	숨을 쉬다
バンジージャンプ		번지점프
両親	りょうしん	부모님
反対する	はんたいする	반대하다
結婚	けっこん	결혼

学生証	がくせいしょう	학생증
さえ		~만
合格	ごうかく	합격
お腹	おなか	배
調子	ちょうし	상태
ペンパル		펜팔
具合	ぐあい	상태

警備員	けいびいん	경비원
ミュージカルチケット		뮤지컬 티켓
給料	きゅうりょう	급료, 월급
お小遣い	おこづかい	용돈
引退記念	いんたいきねん	은퇴기념
商品券	しょうひんけん	상품권
偽物	にせもの	가짜
高級	こうきゅう	고급
課長	かちょう	과장
祖母	そぼ	조모, 할머니
お年玉	おとしだま	세뱃돈
魔女	まじょ	마녀
指導教授	しどうきょうじゅ	지도교수
推薦状	すいせんじょう	추천장

お祝い	おいわい	축하
花束	はなたば	꽃다발
最新型	さいしんがた	최신형
子犬	こいぬ	강아지
バレンタインデー		발렌타인 데이
チョコ		초콜릿
勇気	ゆうき	용기
成人の日	せいじんのひ	성인의 날
香水	こうすい	향수
餌	えさ	먹이
賞状	しょうじょう	상장

けが		상처
準備	じゅんび	준비
てつだう		거들다, 돕다
クリスマスカード		크리스마스 카드
昔話	むかしばなし	옛날 이야기
素敵だ	すてきだ	근사하다
男性	だんせい	남성
紹介	しょうかい	소개
道に迷う	みちにまよう	길을 헤매다
部分	ぶぶん	부분
手紙	てがみ	편지
バス代	バスだい	버스요금
払う	はらう	지불하다, 내다
プロジェクト		프로젝트
説明	せつめい	설명
就職	しゅうしょく	취직

ちり		먼지
鯛	たい	도미
俳優	はいゆう	배우
飛行機	ひこうき	비행기
羽	はね	날개
出発する	しゅっぱつする	출발하다
空港	くうこう	공항
透明人間	とうめいにんげん	투명인간
受かる	うかる	합격하다

開く	あく	열리다
新婚旅行	しんこんりょこう	신혼여행
温泉	おんせん	온천
二十歳	はたち	스무살
法律	ほうりつ	법, 법률
外国語	がいこくご	외국어
足す	たす	더하다
着く	つく	도착하다
書類	しょるい	서류
イーメール		이메일
方	ほう	편, 쪽
わかる		알 수 있다
叱られる	しかられる	꾸중 듣다
ビール		맥주
～にする		～으로 하다

一日中	いちにちじゅう	하루종일
ワンちゃん		강아지, 멍멍이
ニュース		뉴스
アクセサリー		액세서리
赤色	あかいろ	빨강색
汚す	よごす	더럽히다
選ぶ	えらぶ	고르다, 뽑다
踊る	おどる	춤추다
こぼす		흘리다, 엎다
なみだ		눈물
切手	きって	우표
おごる		한턱내다

ミニースカート		미니스커트
はやる		유행하다
時速	じそく	시속
女子	じょし	여자
高校生	こうこうせい	고등학생
はしゃぐ		떠들어대다
事務室	じむしつ	사무실
バナナ		바나나
先月	せんげつ	지난달

伸ばす	のばす	늘리다
返事	へんじ	답장
冷やす	ひやす	식히다
台所	だいどころ	부엌, 주방
パスポート		여권
引き出し	ひきだし	서랍
地下	ちか	지하
黒板	こくばん	칠판
休講	きゅうこう	휴강
警察	けいさつ	경찰
犯人	はんにん	범인
ベル		벨

翻訳する	ほんやくする	번역하다
研究する	けんきゅうする	연구하다
価値	かち	가치
貸す	かす	빌려주다
ボタン		단추
はずれる		떨어지다
ガソリン		기름, 가솔린
汗をかく	あせをかく	땀을 흘리다
か		모기
どんどん		점점
消える	きえる	사라지다, 꺼지다
雲	くも	구름
太陽	たいよう	태양
～の代わりに	～のかわりに	～대신에
事件	じけん	사건
価値観	かちかん	가치관
まったく		완전히
変わる	かわる	바뀌다, 변하다
汽車	きしゃ	기차
離れる	はなれる	떨어지다, 멀어지다
酔っ払う	よっぱらう	취하다
言う	いう	말하다
～のために		～하기 위하여
コピーする		복사하다
食べ過ぎる	たべすぎる	너무 먹다
霧	きり	안개

晴れる	はれる	날이 개다, 걷히다
更ける	ふける	(밤, 계절 등이)깊어지다
銀杏の葉	いちょうのは	은행잎
帰りに	かえりに	돌아가는 길에
寄る	よる	들르다
順番	じゅんばん	순번
回る	まわる	돌다
増える	ふえる	늘다

知る	しる	알다
過ぎる	すぎる	지나치다
変える	かえる	바꾸다
出す	だす	(꺼)내다
直す	なおす	고치다
まくる		마구 ~하다
愛する	あいする	사랑하다
飲み会	のみかい	회식
急に	きゅうに	급히, 갑자기
留学	りゅうがく	유학
一人で	ひとりで	혼자서

Unit 33

通う	かよう	다니다
似る	にる	닮다
忠告	ちゅうこく	충고
従う	したがう	따르다
展示品	てんじひん	전시품
触る	さわる	만지다
正面	しょうめん	정면
文化	ぶんか	문화
ガイド		가이드
冷房	れいぼう	냉방
単語	たんご	단어
骨	ほね	뼈
うわさ		소문
ふと		문득
謝る	あやまる	사과하다

怒る	おこる	화내다
割り込み	わりこみ	새치기
勧める	すすめる	권유하다
ダイエット		다이어트
作る	つくる	만들다
工場	こうじょう	공장
移す	うつす	옮기다
する		소매치기하다
壊す	こわす	부수다
上司	じょうし	상사
手伝い	てつだい	심부름
嫌う	きらう	싫어하다
尊敬する	そんけいする	존경하다
好く	すく	좋아하다
いじめる		괴롭히다
信じる	しんじる	믿다
だます		속이다
生きる	いきる	살다
断る	ことわる	거절하다
建てる	たてる	세우다
応援	おうえん	응원
助ける	たすける	구조하다
ベストを尽くす	ベスト・をつくす	최선을 다하다

先生のコメント

재미있는 관용구!

「やき:구이」+「もち:떡」+「焼く:굽다」 ➡ 「焼きもちを焼く:질투하다」 인절미를 화로에 구워먹을 때 푹 부풀어 오른 모습이, 질투로 화가 나 부어 오른 얼굴과 비슷해서 이런 의미로 쓰인대요. ^^

Unit 35

数学	すうがく	수학
塾	じゅく	학원
投げる	なげる	던지다
発表	はっぴょう	발표
遅れる	おくれる	늦다, 지각하다
復習する	ふくしゅうする	복습하다
妻	つま	아내
夫	おっと	남편
笑う	わらう	웃다
職業	しょくぎょう	직업
初恋	はつこい	첫사랑
患者	かんじゃ	환자
是非	ぜひ	부디, 꼭

Unit 36

本屋	ほんや	책방
ヨガポーズ		요가포즈
荷物	にもつ	짐
運ぶ	はこぶ	운반하다, 나르다
熱帯夜	ねったいや	열대야
運転免許	うんてんめんきょ	운전면허
車にひかれる	くるまにひかれる	차에 치이다
眠れる	ねむれる	잠들 수 있다
長生き	ながいき	장수
原因	げんいん	원인
過労	かろう	과로
天気予報	てんきよほう	일기예보
主婦	しゅふ	주부
性格	せいかく	성격
昇進	しょうしん	승진
お腹が空く	おなかがすく	배가 고프다

Unit 37

電気がつく	でんきがつく	전기가 켜지다
優秀だ	ゆうしゅうだ	우수하다
真夏	まなつ	한여름
生物	なまもの	날것
うそ		거짓말
視力	しりょく	시력
好物	こうぶつ	좋아하는 음식, 일

おつまみ		술안주
本物	ほんもの	진품
まるで		마치
赤い	あかい	빨갛다

Unit 38

パイロット		파일럿
パーティー		파티
ヨーロッパ		유럽
確認	かくにん	확인
貧しい	まずしい	가난하다
ストラップ		핸드폰 줄
二度と	にどと	두 번 다시
外車	がいしゃ	외제차
オープンカー		오픈카

Unit 39

見送る	みおくる	전송하다, 배웅하다
始まる	はじまる	시작되다
入場	にゅうじょう	입장
出張する	しゅっちょうする	출장가다
評価をする	ひょうかをする	평가를 하다
製品	せいひん	제품
渡す	わたす	건네주다
戻る	もどる	되돌아가다
外出	がいしゅつ	외출
付き合う	つきあう	교제하다

Unit 40

自己紹介	じこしょうかい	자기소개
到着する	とうちゃくする	도착하다
知らせる	しらせる	알리다
物産	ぶっさん	물산

Unit 41

うっかり		깜빡
無くす	なくす	잃어버리다
売り切れ	うりきれ	품절
会議室	かいぎしつ	회의실
歯	は	이, 치아
興味	きょうみ	흥미

第一印象	だいいちいんしょう	첫인상
たまご		달걀, 계란
さけぶ		외치다

Unit 42

納得	なっとく	납득
基礎	きそ	기초
田舎	いなか	시골
玄関	げんかん	현관
番組	ばんぐみ	(방송 등의) 프로그램
しょっぱい		짜다
内緒	ないしょ	비밀
おしゃれな		멋진, 멋을 부린
投げ出す	なげだす	내팽개치다, 내던지다
日記	にっき	일기
ポケット		포켓, 주머니
電話番号	でんわばんごう	전화번호
自信	じしん	자신
キャンセルする		취소하다

Unit 43

値段	ねだん	가격
デザイン		디자인
世界的	せかいてき	세계적
言葉	ことば	단어, 말
引越し	ひっこし	이사
ピクニック		피크닉
意見	いけん	의견
伝える	つたえる	전하다
ケース		케이스
信用	しんよう	신용
先輩	せんぱい	선배
部下	ぶか	부하
ゲーム		게임
負ける	まける	지다
全員	ぜんいん	전원

雨が降る	あめがふる	비가 내리다
ぶどう		포도
皮	かわ	껍질
むく		(껍질 등을)벗기다
心配する	しんぱいする	걱정하다
価格	かかく	가격
絶対	ぜったい	절대
観光客	かんこうきゃく	관광객
ヒマワリ		해바라기
正義	せいぎ	정의
シンボル		심볼, 상징
ガイドブック		가이드북
品物	しなもの	물건, 물품
上品だ	じょうひんだ	고급이다
人気	にんき	인기
急ぐ	いそぐ	서두르다
特急列車	とっきゅうれっしゃ	특급열차

遊園地	ゆうえんち	유원지
帽子	ぼうし	모자
似合う	にあう	어울리다
牛乳	ぎゅうにゅう	우유
面倒だ	めんどうだ	귀찮다
頭がいい	あたまがいい	머리가 좋다
気にする	きにする	신경을 쓰다
直接	ちょくせつ	직접
結果	けっか	결과
むだづかい		낭비
お茶	おちゃ	(마시는)차
タクシー		택시
目	め	~째
プレゼント		선물
積もる	つもる	쌓이다
怒り出す	おこりだす	버럭 화내다
麺類	めんるい	면류
たとえば		예를 들어
無駄だ	むだだ	소용없다
真剣に	しんけんに	진지하게

アドバイス		어드바이스
怒られる	おこられる	혼나다
一度	いちど	한번
自転車	じてんしゃ	자전거
留守	るす	부재중
責任を取る	せきにんをとる	책임을 지다
堂々と	どうどうと	당당히
つける		(전기, 불을)켜다
いまさら		이제와서
生活費	せいかつひ	생활비
上下に	じょうげに	위아래로
思うに	おもうに	생각건대
たぶん		아마도
本当に	ほんとうに	정말로
ウサギ		토끼
耳	みみ	귀
まぶしい		눈부시다
美しい	うつくしい	아름답다
早い	はやい	이르다, 빠르다
わざわざ		일부러, 굳이
実は	じつは	실은
りんご		사과
はず(が)ない		~일리가 없다
聞こえる	きこえる	들리다
茶道	さどう	다도
生け花	いけばな	꽃꽂이
ふるさと		시골, 고향
教える	おしえる	가르치다
勤める	つとめる	근무하다
机	つくえ	책상
合理的	ごうりてき	합리적
平和	へいわ	평화
本格的	ほんかくてき	본격적
地下鉄	ちかてつ	지하철
においがする		냄새가 나다
果物	くだもの	과일
住所	じゅうしょ	주소
大きすぎる	おおきすぎる	지나치게 크다
選択する	せんたくする	선택하다

全部	ぜんぶ	전부
兄	あに	오빠, 형(남에게 말할 때)
父	ちち	아버지(남에게 말할 때)
笑顔	えがお	웃는 얼굴
迎える	むかえる	마중, 맞이하다
米	こめ	쌀
台風	たいふう	태풍
約束	やくそく	약속
お先に失礼します	おさきにしつれいします	먼저 실례하겠습니다
主人	しゅじん	남편
熱がある	ねつがある	열이 있다
よく		잘

先生のコメント

재미있는 관용구!
「顔 : 얼굴」 + 「広い : 넓다」 ➡ 「顔が広い : 발(인맥)이 넓다」
한국에서는 발이 넓다고 한다니까 일본인 친구들이 재미있어 하던데요? ^^